(Conserver la Couverture)

Emm. CRAUFFON

Les 1ᵉʳᵉˢ Responsabilités

de 1870

RÉPONSE A EMILE OLLIVIER

PRIX : **UN Franc**

TULLE

IMPRIMERIE CRAUFFON, ADMINISTRATIVE ET COMMERCIALE

Rue Général Delmas

—

1910

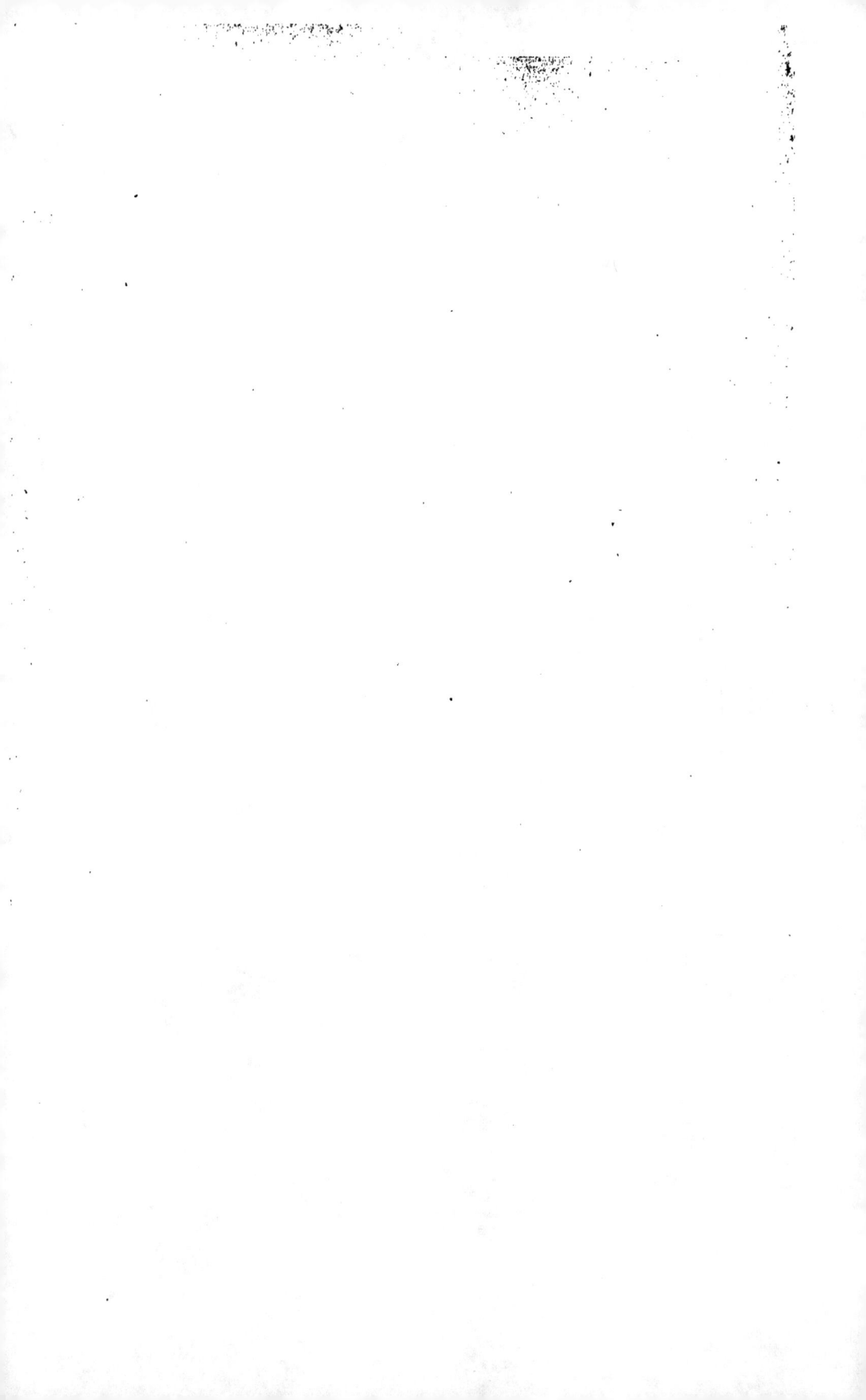

PREMIÈRES RESPONSABILITÉS DE 1870

Reproduction du Journal LE CORRÉZIEN

Janvier et Février 1910

Emm. CRAUFFON

Les 1ères Responsabilités

de 1870

RÉPONSE A EMILE OLLIVIER

TULLE

IMPRIMERIE CRAUFFON, ADMINISTRATIVE ET COMMERCIALE

Rue Général Delmas

1910

Les Premières Responsabilités de 1870

Souvenirs personnels et professionnels

Je puis dire que personne n'attendait avec plus d'impatience que moi le livre de M. Emile Ollivier sur la déclaration de guerre dont son ministère assuma la responsabilité en juillet 1870.

En effet, à cette époque, je rédigeais déjà un journal, et je participais ainsi au mouvement de l'opinion publique qui entraîna mon pays vers des abîmes dont il ne soupçonnait ni la profondeur ni même l'existence.

Cette opinion publique s'égara-t elle ou fut-elle trompée ?

Il m'a semblé que je libèrerai ma conscience en le recherchant, impartialement ; et même j'ai espéré que, dans l'étude de ce passé, je pourrai trouver une leçon pour le présent, pour l'avenir surtout.

En effet, en reprenant la collection de mon journal *Le Corrézien*, je dois d'abord relire la proclamation qu'il portait en ces termes à ses lecteurs de cette époque :

Français,

Il y a dans la vie des peuples des moments solennels où l'honneur national, violemment excité, s'impose comme une force irrésistible, domine tous les intérêts, et prend seul en main la direction des destinées de la Patrie. Une de ces heures décisives vient de sonner pour la France.

La Prusse, à qui nous avons témoigné, pendant et depuis la guerre de 1866, les dispositions les plus conciliantes, n'a tenu aucun compte de notre bon vouloir et de notre longanimité. Lancée dans une voie d'envahissement, elle a éveillé toutes les défiances, nécessité partout des armements exagérés, et fait de l'Europe un camp où règnent l'incertitude et la crainte du lendemain. Un dernier incident est venu révéler l'instabilité des rapports internationaux et montrer toute la gravité de la situation.

En présence des nouvelles prétentions de la Prusse, nos réclamations se sont fait entendre ; elles ont été éludées et suivies de procédés dédaigneux. Notre pays en a ressenti une profonde irritation, et aussitôt un cri de guerre a retenti d'un bout de la France à l'autre. Il ne nous reste plus qu'à confier nos destinées au sort des armes.

Nous ne faisons pas la guerre à l'Allemagne dont nous respectons l'indépendance ; nous faisons des vœux pour que les peuples qui composent la grande nationalité germanique disposent librement de leurs destinées. Quant à nous, nous réclamons l'établissement d'un état de choses qui garantisse notre sécurité et assure l'avenir. Nous voulons conquérir une paix durable basée sur les vrais intérêts des peuples, et faire cesser cet état précaire où toutes les nations emploient leurs ressources à s'armer les unes contre les autres. Le glorieux drapeau que nous déployons encore une fois devant ceux qui nous provoquent est le même qui porta à travers l'Europe les idées civilisatrices de notre grande Révolution ; il représente les mêmes principes, il inspirera les mêmes dévouements.

Français,

Je vais me mettre à la tête de cette vaillante armée qu'anime l'amour du devoir et de la Patrie. Elle sait ce qu'elle vaut, car elle a vu, dans les quatre parties du monde, la victoire s'attacher à ses pas. J'amène mon fils avec moi malgré son jeune âge ; il sait quels sont les devoirs que son nom lui impose, et il est fier de prendre sa part dans les dangers de ceux qui combattent pour la Patrie.

Dieu bénisse nos efforts ! Un grand peuple qui défend une cause juste est invincible.

                                        NAPOLÉON.

Ces paroles impériales, personnelles à Napoléon III, ne

se ressentent que trop de l'incohérence parlementaire qui, de la demande de garanties, acquises, s'était élevée et égarée jusqu'aux « procédés dédaigneux » qu'elle provoquait, hélas ! confiante dans le premier coup de force de la vaillance française ! mais, quelques jours après, cette autre proclamation de l'Empereur à l'Armée suivait, sur un ton qui révélait déjà les hésitations, les incertitudes, les découragements même :

Soldats,

Je viens me mettre à votre tête pour défendre l'honneur et le sol de la patrie.

Vous allez combattre une des meilleures armées de l'Europe ; mais d'autres, qui valaient autant qu'elle, n'ont pu résister à votre bravoure. Il en sera de même aujourd'hui.

La guerre qui commence sera longue et pénible, car elle aura pour théâtre des lieux hérissés d'obstacles et de forteresses : mais rien n'est au-dessus des efforts persévérants des soldats d'Afrique, de Crimée, de Chine, d'Italie, du Mexique. Vous prouverez une fois de plus ce que peut une armée française animée du sentiment du devoir, maintenue par la discipline, enflammée par l'amour de la patrie.

Quel que soit le chemin que nous prenions en dehors de nos frontières, nous y trouverons les traces glorieuses de nos pères. Nous nous montrerons dignes d'eux.

La France entière vous suit de ses vœux ardents, et l'univers a les yeux sur vous. De nos succès dépend le sort de la liberté et de la civilisation.

Soldats, que chacun fasse son devoir, et le Dieu des armées sera avec nous !

NAPOLÉON.

Au quartier impérial de Metz, le 28 juillet 1870.

Le « sol de la patrie » devait donc être défendu lui-même, quand on criait « à Berlin ! » et Napoléon III qui avait laissé en suspens la réorganisation de l'Armée française, prévoyait une « longue et pénible campagne » contre l'organisation allemande ! pourtant, nous avions DÉCLARÉ la guerre !...

Or, quelques années à peine s'étaient-elles écoulées, qu'un de mes compatriotes qui avait été à la fois, dans le département de la Corrèze, créateur et créature du régime impérial auquel il devait son nom et son titre de baron, M. Lafond de Saint-Mùr, à la veille de son élection au Sénat de la République, n'hésitait pas à écrire cette lettre :

Laroche-Canillac, 17 janvier 1875.

Monsieur le Rédacteur,

Je me vois contraint de protester contre une seule de vos imputations, car elle éveille en moi une immense douleur ; savez-vous pourquoi je n'ai pas été au nombre des douze députés qui ont voté contre la guerre de 1870 ?

Nous avons été indignement trompés !

Oui, l'on est venu dire à une Chambre française que la France était outragée ; mais que notre armée était là, nombreuse, préparée, et par conséquent invincible, que le temps marchait, qu'il fallait se hâter si l'on ne voulait pas être surpris, et frapper un de ces coups foudroyants dont notre génie semblait jusqu'ici avoir seul le secret.

J'entends encore la voix émue et respectée de l'honorable marquis de Talhouet, dans cette séance fameuse du 15 juillet, proposant à la Chambre, au nom de la commission, de verser son sang et son or pour venger notre injure.

Cette commission, Monsieur, avait appelé devant elle le ministre des affaires étrangères et le ministre des armes ; elle les avait interrogés avec une attention redoutable, scruté les causes de la guerre, passé en revue nos flottes et nos armées, elle nous disait d'une voix unanime, par la bouche de son honorable rapporteur, ces mémorables et patriotiques paroles : « Le sentiment profond produit par l'examen des documents qui nous ont été soumis, est que la France ne peut subir l'affront fait à la Nation. »

Elle ajoutait : « qu'inspirée par une sage prévoyance les deux administrations de la Guerre et de la Marine se trouvaient en état de faire face avec une promptitude remarquable aux nécessités de la situation. »

J'ai cru, Monsieur, comme les membres qui formaient cette commission, comme l'*irréconciliable* M. de Kératry qui en fut le secrétaire, à ces affirmations solennelles.

On nous trompait ! l'histoire sévère et inexorable dira sur qui doit peser cette effrayante responsabilité.

Ayez le courage, Monsieur, de dire que vous n'auriez pas fait comme moi.

Veuillez agréer l'assurance de ma considération très distinguée.

Baron LAFOND DE SAINT-MUR.

« On nous trompait ? »... si le candidat de la veille n'eut point tenu autant à son élection du lendemain, n'ayant jamais refusé, disait-il, « ni hésité » à « refuser » ses votes à l'Empire autoritaire, il eut été plus sincère de dire : Nous nous laissions tromper ! ou mieux : On se trompait !

Eh bien, alors, nous devons rechercher comment et pourquoi on s'est trompé dans les causes de la guerre et dans la déclaration de la guerre. — en attendant d'étudier les incapacités et les trahisons mêmes de la guerre.

Ce devoir nous rappelle qu'il y a dans la légende mythologique un tableau épouvantable entre les plus épouvantables : Sisyphe qui s'est échappé des Enfers pour faire ses propres funérailles sur terre, a réussi à enchaîner la Mort; mais Mars le saisit, et il est ramené au Tartare où il doit éternellement rouler la même roche énorme, du bas au sommet d'une colline d'où elle retombe toujours avec lui.

M. Emile Ollivier, ministre de la France en 1870, a pu jusque ici échapper à la mort et célébrer ses propres funérailles, en publiant quatorze volumes de son autobiographie politique, à l'âge de quatre-vingt-cinq ans; mais arrivé aux brumes crépusculaires de sa vie, s'il a voulu énergiquement parler à ses contemporains et à l'Histoire elle même, afin de relever la pierre d'accusation sous laquelle bat son cœur depuis la date néfaste du 15 juillet 1870, il fait cet aveu pénible d'avoir été tenté plus d'une fois de s'arrêter dans son travail de défense publique et de réhabilitation personnelle : « Je me suis souvent demandé si je ne ferais pas mieux de briser ma plume et de me livrer dans ma solitude aux graves méditations qui conviennent à mon âge » ; mais il est salutaire qu'une « force invincible » ait contraint à continuer l'éminent écrivain dont nous discuterons les actes passés et les commentaires présents, sans vouloir mettre en cause son talent et sa loyauté; en effet, s'il pouvait se soucier de la gloire de rectifier les choses avancées avant lui et contre lui,

il devait avoir et il a eu « un plaisir délicieux à rendre témoignage à la vérité d'une manière désintéressée parce que la
beauté qui est en elle récompense de l'effort que l'on fait
pour la montrer. »

Cependant, M. Emile Ollivier a-t-il ainsi gravi la montagne et fixé la roche mobile pour en faire le fondement
d'une réfutation complète des reproches contemporains à
l'adresse des hommes publics au pouvoir le 15 juillet 1870 ?

A cette date néfaste, il s'écriait à la tribune du Corps
égislatif :

Oui ! de ce jour commence pour les ministres, mes collègues, et pour moi, une grande responsabilité. Nous
l'acceptons d'un cœur léger (interruptions). Oui, d'un cœur
léger, et n'équivoquez pas sur cette parole, et ne croyez
pas que je veuille dire une joie : je vous ai dit moi même
mon chagrin d'être condamné à la guerre ; je veux dire
d'un cœur que le remords n'alourdit pas, d'un cœur
confiant, parce que la guerre que nous faisons, nous la
subissons, parce que nous avons fait tout ce qu'il était
humainement et honorablement possible de tenter pour
l'éviter ; et enfin parce que notre cause est juste et qu'elle
est confiée à l'armée française.

Relisons gravement ces affirmations ; elles portent
avec elles la Déclaration même de la guerre, et, en prenant la responsabilité de cette initiative, elles ajoutent
qu'il a été fait tout ce qu'il était « humainement et honorablement possible de tenter pour l'éviter ». Or, tout le
livre de M. Emile Ollivier est écrit aux fins de justifier, y
compris la forme vraiment trop académique pour le vulgaire, cette fière assurance, assumée il y a quarante ans
bientôt. — Et c'est l'examen de ce mémoire devant la
postérité que nous nous proposons de poursuivre, page à
page, événement par événement, responsabilité par responsabilité, pour les uns et pour les autres.

En rappelant toutes ces heures d'angoisses patriotiques,
sans nul doute notre âme se pourra souvent voiler de tris-
tesse ; mais nous ferons un effort constant pour que nous
ne nous laissions pas impressionner aux souvenirs de

tant de fautes déplorables, mais qu'il faut ne point juger de trop loin, ne point évoquer d'après les révélations postérieures, ne point séparer des passions qui les engendrèrent.

Du reste, pour ne pas être suspectés ni contestés, nous tiendrons à prendre la plupart et les plus graves des preuves dans le livre même de M. Emile Ollivier, avec son texte.

Et, alors, se dégagera bien la particularité ou la solidarité des fautes, fussent-elles graduées ou atténuées, des acteurs du drame franco-allemand qui a fait osciller le monde et le laisse encore sans fixité, parce que la Force ne peut primer éternellement le Droit dont la revendication est éternelle.

Ces fautes, l'ancien ministre ne les nie pas toutes ; il en établit même le plus grand nombre avec vérité ; et il va ainsi jusqu'à qualifier de « crime » la principale d'entr'elles : or, ces aveux ne sont-ils pas le démenti flagrant du cœur « confiant » — pour éviter l'équivoque du cœur « léger » — qui s'épancha jusqu'à dire qu'il acceptait la « grande responsabilité », avec tous ses collègues qui étaient présents, à la séance imprudente du 15 juillet 1870, jurant en quelque sorte, tous ensemble, sur l'autel de la Patrie, qu'ils avaient fait tout ce qu'il était « humainement et honorablement possible de tenter » ?...

1

Négation de la Démocratie, le Pseudo-Parlementarisme
est responsable des fautes de 1870

Le XIVᵉ volume des *Etudes, Récits et Souvenirs* de M. Emile Ollivier est consacré tout entier, en six cents pages, à la Guerre : de l'explosion du complot prussien à la déclaration française ; mais pour établir toutes les responsabilités encourues à ce sujet, et relever celles qui engagent la part personnelle de l'auteur du livre critiqué, il faut bien remonter plus haut, aux causes avant les effets : dès lors il serait utile de reprendre ses treize premiers livres, et d'y noter nos divergences de vue, aboutissant à une contradiction formelle sur l'événement de 1870 (1), car toutes ces publications ont été faites pour justifier l'évolution vers l'Empire à rendre libéral, et enfin, l'initiative des hostilités franco-allemandes.

Nous nous garderons bien de blâmer l'évolution de M. Emile Ollivier et d'en suspecter le désintéressement ou la loyauté, puisque notre jeunesse y applaudit avec

(1) Il suffit d'énoncer les sous-titres de cette série de livres d'Emile Ollivier, une et variée ! pour en faire voir l'importance et l'intérêt qui ne souffrent comparaison avec aucune autre publication :

1ᵉʳ vol. : *Du Principe des Nationalités*.
2ᵉ vol. : *Louis Napoléon et le coup d'Etat*.
3ᵉ vol. : *Napoléon III*.
4ᵉ vol. : *Napoléon III et Cavour*.
5ᵉ vol. : *L'Inauguration de l'Empire libéral, le Roi Guillaume*.
6ᵉ vol. : *La Pologne, les Elections de 1863. Loi des coalitions*.
7ᵉ vol. : *Le Démembrement du Danemark le Syllabus, la Mort de Morny, l'Entrevue de Biarritz*.
8ᵉ vol. : *L'Année fatale (Sadowa, 1866)*.
9ᵉ vol. : *Le Luxembourg le 29 janvier, Queretaro*.

toute une génération ardente et fière, sinon sans illusions ; mais, aujourd'hui, mûrement, nous pouvons bien nous le demander : l'Empire libéral, quelle était donc cette nouvelle forme constitutionnelle, si ce n'est le pouvoir personnel abdiquant devant le gouvernement des assemblées, c'est-à-dire le Parlementarisme ? Or, le Parlementarisme est-il bien compatible avec le Suffrage universel ? et la Démocratie peut-elle vivre face à face avec cette négation d'elle-même qui aboutit à l'enchère ploutocratique et à la surenchère révolutionnaire, car les hommes aux meilleurs caractères, ayant une fois franchi les fourches caudines électorales, se corrompent tous dans l'atmosphère des assemblées, sous la préoccupation d'être réélus.

Et puis n'y a-t-il pas la contagion des foules dans ces réunions de plusieurs centaines de politiciens aux appétits divers, et s'agitant partout, des couloirs à leurs places, de leurs places à la tribune d'apparat ; et quelle griserie pour ceux qui savent parler, même pour les autres qui parlent, souvent sans éloquence, sans talent, sans conviction, satisfaisant leur vanité sotte et le snobisme des électeurs plus sots encore ?

Pour nous, poser la question du principe, théoriquement, ce serait déjà la résoudre, comme dirait feu Joseph Prudhomme, si l'expérience n'avait déjà répondu, en France, depuis l'an de malheur 1875, où les hobereaux élus

---

10ᵉ vol. : *Mentana. — L'agonie de l'empire autoritaire. — La loi militaire. — Loi sur la presse et les réunions publiques.*

11ᵉ vol. : *La Veillée des Armes. L'Affaire Baudin. Préparation militaire prussienne le Plan de Moltke. Réorganisation de l'armée française par l'Empereur et le Maréchal Niel, les Élections de 1869, l'Origine du Complot Hohenzollern.*

12ᵉ vol. : *Le Ministère du 2 janvier. — Formation du Ministère. — L'Affaire Victor Noir. — Suite du complot Hohenzollern.*

13ᵉ vol. : *Le guet-apens Hohenzollern. — Le conseil œcuménique. — Le plébiscite.*

14ᵉ vol. : *La Guerre. — Explosion du complot Hohenzollern. — Déclaration du 6 janvier. — Retrait de la candidature Hohenzollern. — Demande de garantie. — Soufflet de Bismarck. — Notre réponse au soufflet de Bismarck. — Déclaration de guerre.*

Et cette œuvre ne peut faire oublier les autres travaux si divers ! des *Commentaires de la Loi sur les ordres* (1859) et de *La Loi sur les coalitions* (1864) avec le *Manuel de Droit ecclésiastique*, jusque au *Féminisme*, en passant par *Lamartine* et par *Michel-Ange* etc., sans parler de tant d'articles de revues et de journaux. *Nihil alienum* à l'homme de Térence.

La Critique avait là de quoi s'épuiser ; mais elle pouvait bien ne pas se sentir de force pour combattre l'auteur, et, par contre craindre l'impopularité de l'homme en le louant ?

au hasard et au pêle-mêle pour refaire une monarchie firent à leur grande surprise une République provisoire qui, naturellement, dure encore, tant bien que mal, et plutôt mal que bien !

En tout cas, si Emile Ollivier avait rêvé d'un empire constitutionnellement parlementaire, il devait l'exiger dans toutes ses formes avant de s'y perdre et de nous y perdre.

Or, l'Empereur restait encore l'Empereur avec ses initiatives, son « fait du prince » pour reprendre un mot scandaleusement ressuscité, ces temps derniers dans le langage juridique ; d'autre part, ne manquait-il pas au cabinet précisément sa cheville ouvrière : le chef officiellement nominal, officiellement responsable ?

Ces points-là établissent les deux premiers reproches politiques contre M. Emile Ollivier qui, ayant accepté le pouvoir dans de telles conditions, dut en subir les conséquences, c'est-à-dire porter la solidarité des fautes, indéniables, et que nous n'avons qu'à noter d'un trait, au cours de ce résumé de l'époque la plus néfaste de notre histoire nationale : En effet, outre l'absence d'un chef officiel dans le cabinet du 2 janvier avec toutes les prérogatives de son rôle, on va bientôt voir, en admettant que le parlementarisme fût réellement la base du nouveau régime d'empire libéral auquel croyait aboutir M. Emile Ollivier, on va voir, disons-nous, les incorrections fondamentales vis à vis du principe du gouvernement des assemblées : intervention intermittente du Souverain en dehors de ses ministres, agissement des ministres sans se concerter entre collègues, renseignements faux ou incomplets donnés sans contrôle du Conseil et déterminant les résolutions suprêmes. Et c'est le livre même que nous examinons qui fait de tels aveux, tout en maintenant à son épigraphe la responsabilité que fait à son auteur, sur de telles fautes, la passivité de l'attitude qu'il accepta pour éviter, dit-il, l'éclat et les conséquences d'une démission dont l'opportunité s'imposait, au contraire, nous l'établirons, et pour le pays et pour lui-même !

Sans doute, tout à l'heure on s'aperçoit des contradictions, des incohérences, des irrégularités de l'acte disparate de 1875, et on voudrait en rapiécer avec quelque solidité l'étoffe en lambeaux ; mais une revision intégrale des lois éparses des faux Constituants qui violèrent leur mandat simple de paix ou guerre, la REVISION INTÉGRALE, disons-nous, permettrait seule l'Œuvre nationale, et on n'en a ni le courage, ni l'intelligence, ni les moyens pratiques ! Qu'est-ce, en effet, que ces variations sur les modes de scrutin et la représentation dite proportionnelle, si ce n'est l'illusion de se maintenir au pouvoir par le même système du gouvernement des assemblées, en pleine démocratie !

Nous, nous ne voyons de salut qu'en renforçant honnêtement et loyalement le Suffrage universel, d'abord par le vote obligatoire, et son extension à la représentation des mineurs sur le bulletin multiplié du chef de famille, ensuite par l'élection nationale du chef de la Nation, entouré d'un Conseil d'Etat solide, avec un Corps « législatif » réduit au vote « législatif », hors l'usurpation exécutive et judiciaire, surtout sans la cynique alimentation professionnelle du vulgaire « tire-toi de là que je m'y mette » ! qui ne *cessera* qu'en prenant des ministres, compétents et de carrière, hors de la Chambre.

Que pense de ces choses, aujourd'hui, M. Emile Ollivier ? et qu'en pensait-il au fond dans son rêve libéral d'il y a quarante ans ?

Ainsi, tout d'abord, est-il bien exact de dire que la nouvelle de la candidature Hohenzollern au trône d'Espagne éclata « comme une bombe », que Napoléon III en fut « surpris » et « très mécontent »?

Comment donc, mais cette surprise et ce mécontentement doivent-ils être datés de juillet 1870 ?

Une correspondance madrilène au *Journal des Débats*

du 13 juillet 1868 avait signalé les premières rumeurs de cette candidature, et le 27 mars 1869 M. Benedetti en avait averti son gouvernement qui lui ordonna de préciser les fondements de ses conjectures ; enfin, en avril, notre ambassadeur de Berlin eut une entrevue avec l'empereur Napoléon III à ce sujet grave.

Alors, comment s'être désintéressé, depuis, des préoccupations espagnoles à la recherche d'un roi, et avoir oublié le seul candidat dangereux mis en avant, à côté de Ferdinand de Portugal, du duc de Montpensier, du duc d'Aoste, etc., Napoléon III ne voulant pas avouer ses préférences pour le prince des Asturies, le futur Alphonse XII ?

L'Empereur avait-il tout à fait oublié ses ordres, et en même temps M. Benedetti avait-il tout à fait négligé de laisser traces de ses agissements dans les dossiers de l'ambassade ? et, encore, dès l'explosion du 3 juillet, le ministre des affaires étrangères, M. le duc de Grammont, tout nouvellement installé, ne prit-il pas le soin de consulter les papiers officiels qu'il détenait, et qui faisaient voir l'origine du complot Bismark-Prim, arrivé au guet-apens.

Quoi qu'il en soit, si M. Emile Ollivier n'écrit rien à ce sujet qui nous réponde, rendons l'hommage mérité à sa collaboration avec son collègue des Affaires étrangères sur les principes de droit international que devinaient d'instinct l'opinion publique et la presse française, patriotiquement unanimes à signaler le danger de voir une puissance étrangère, « en plaçant un de ses princes sur le trône de Charles-Quint, déranger l'équilibre actuel des forces en Europe, et mettre en péril les intérêts et l'honneur de la France ».

Ce chapitre-là est excellent, dans le livre de M. Emile Ollivier, et rien n'est à y reprendre dans les textes et les précédents; de Jules Favre à Jules Simon et à Thiers jusqu'à Gambetta, il y avait, du reste, unanimité nationale.

Par exemple, il eut fallu reprendre dans la déclaration

faite à la Chambre, le 6 juillet, la péroraison guerrière, vibrante et claironnante :

Nous comptons à la fois sur la sagesse du peuple allemand et sur l'amitié du peuple espagnol. S'il en était autrement, forts de votre appui, Messieurs, et de celui de la Nation, nous saurions remplir notre devoir sans hésitation et sans faiblesse.

Cette Déclaration répondait à l'interpellation de M. Cochery, acceptée par M. Emile Ollivier ; et, après quarante ans, M. Emile Ollivier ne se plaint ni ne se repend de l'attitude de son Ministère : il n'est donc pas encore guéri de la maladie parlementaire ?

Le couplet chauvin était de trop : d'abord, parce qu'il était chanté avant d'avoir reçu la réponse ferme sur l'attitude de la Prusse, notre chargé d'affaires à Berlin (M. Le Sourd) n'ayant fait que signaler le refus d'entrer en explications d'un subordonné (M. de Thile), M. de Bismarck étant absent, ensuite et surtout ! parce que ce couplet s'adressait à une assemblée impressionnable, ondoyante et diverse, où le texte des interpellateurs dénotait évidemment, chez certains personnages, une curiosité ambitieuse plutôt qu'une inquiétude nationale. Tel est le régime parlementaire, et d'autant plus pour cette Chambre des Députés qu'en arrivant au pouvoir celui qui avait été chargé de constituer le cabinet n'avait pas pris le titre et les droits de chef, nous le répétons, pas plus qu'il ne s'était assuré une véritable majorité, en faisant dissoudre ce Corps législatif issu, en quasi-unanimité, de la candidature officielle d'un autre temps, et dont l'extrème-droite ne lui faisait confiance que dans la limite de ce qu'elle croyait agréable à l'Empereur.

Le compte rendu officiel note les « longs applaudissements » et les « acclamations repétées » qui suivirent l'air de bravoure, mais pourquoi ?

Parce que l'opinion publique, servilement réflétée par l'assemblée législative, se faisait les plus dangereuses illusions, et sur les conditions d'une revanche de notre attitude expectante de 1866, et sur la réalité de nos forces militaires, et sur la solidité de nos alliances.

Le pire, c'est que l'aberration fut commune à tous, et, en attendant de revenir aux détails, notons, sur les dix pages d'aveux qui suivent dans le livre ouvert devant nous, ces deux lignes : « Nous nous enquîmes d'abord de notre situation militaire et diplomatique. » Ah, quelle enquête ! et cette faillite militaire et diplomatique devait causer la provocation, la déclaration et le désastre !

Dans de telles circonstances, le véritable parlementarisme, concevable dans les pays de monarchie et d'aristocratie, n'aurait pas été pris au dépourvu et n'aurait point perdu tout son sang froid, parce que les véritables parlementaires y doivent être de véritables politiques et non des politiciens de hasard : ailleurs que chez nous, les traditions et les règles ne peuvent être improvisées, et contre les courants de l'opinion, il y a la force d'autorité et de solidarité qui est le salut, au-devant des plus graves imprévisions.

Alors, restant chez nous et examinant successivement les trois causes primordiales du conflit ainsi précisées, nous ne serons plus étonnés des conséquences d'un régime politique qui ne se revendiquait ni du pouvoir personnel ni de la formule parlementaire, tout en mêlant l'un à l'autre.

II

L'esprit public en Prusse sur la France
et en France sur l'Allemagne

« Nous comptons sur la sagesse du peuple allemand ! »
avait dit Emile Ollivier, espérant ainsi dissiper le nuage
qui portait la foudre entre deux nations civilisées. Vraiment ? mais, sans parler des rapports militaires sur l'organisation prussienne, le ministre de 1870, universelle-
ment versé en toutes choses, n'était-il pas au courant de
la littérature tudesque ? Pourtant !...

Le programme de l'ambition prussienne n'avait cessé
d'être formulé, en menace aux voisins : on ne s'en cachait
pas ! — C'est l'Empereur d'Allemagne actuel qui a dit
dans un discours de décembre 1890 : « Dans les années
1864, 1866, 1870, quiconque sortait de l'École pour faire
son volontariat ou entrer dans la vie active était unanime
sur ce point : l'Empire allemand serait de nouveau res-
tauré et l'Alsace-Lorraine reconquise. »

Et l'on n'avait pas attendu 1864 pour être aussi catégo-
rique, car la *Gazette de la Croix* de Berlin avait déjà
écrit : « Pendant des siècles la France a cherché à diviser
l'Allemagne, et à s'emparer de ses territoires frontières.. Bien que les feuilles officieuses du gouvernement
impérial ne parlent plus de la frontière du Rhin, il est
cependant certain que les efforts de la politique française
(constans et perpetua voluntas) ont toujours eu cette
frontière pour objet. Nous avons même vu, de 1806 à 1813,
que cette frontière ne forme pas nécessairement la limite

de l'ambition française... Hé bien ! s'il est évident que la
France réclamerait, comme prix d'une guerre heureuse,
la rive gauche du Rhin, y compris « les alluvions de ce
fleuve », faudrait-il que l'Allemagne et la Prusse se con-
tentassent, dans le cas où la victoire se prononcerait pour
elles, de la satisfaction d'avoir repoussé l'agresseur ?...
Non, pour le prix de notre victoire, nous devons songer à
recouvrer tout au moins l'Alsace. Cette pensée de recouvrer l'Alsace à la suite d'une guerre heureuse s'est réveil-
lée avec force dans le Midi de l'Allemagne, comme de
raison encore plus que dans le Nord, et elle fait de rapides
progrès. »

Si l'on voulait même une preuve plus « exagérante » de
cette fureur gallophobe, M. Emile Ollivier nous raconte
que John, professeur très célèbre à Berlin, dont on com-
parait l'éloquence à celle de Luther, professait publiquement que laisser apprendre à ses filles la langue française
ou la prostitution, c'était faire la même chose. Pour
empêcher toute contamination de la nature allemande de
notre côté, il voulait y jeter comme frontière une *hamme*,
un terrain de séparation, une forêt sauvage et protectrice
qu'on abandonnerait aux animaux féroces et qui serait
placée sous la surveillance des habitants armés de la
frontière. Cœrres souhaitait que de Strasbourg détruit il
ne restât debout que la flèche de la cathédrale, afin de
punir la ville coupable d'adultère avec la France. Arndt
proposait la création d'un ordre teutonique veillant contre
les mœurs et les idées françaises... « L'Afrique et l'Améri-
que ont les singes, disait Schopenhauer, mais l'Europe
a les Français, cela se compense. »

Ah ! la voilà la Haine, engendrant la guerre détestée
des mères ; la guerre impie !

Mais, en deçà des Vosges, chez nous, en France ?

Ne parlons pas des poètes, et du plus grand même qui trouvera — oh! plus tard! — que l'on a pris la Prusse « en traître : »

> Je disais : Ces soldats ont la tête trop basse,
>   Il va leur ouvrir les chemins.
> Le peuple aime la poudre, et quand le clairon passe,
>   La France chante et bat des mains...
>
> Eh bien ! non ! je rêvais ! Illusion détruite !
>   Gloire, songe, néant, vapeur !
> O soldats ! quel réveil ! l'Empire c'est la fuite !
>   Soldats ! l'Empire c'est la peur !
>
> Ah ! frémissez ; le tsar marche sur le Danube
>   Vous ne marchez pas sur le Rhin !...

Or, quel est donc le principe démocratique, ô Hugo-le-Grand, qui devait faire marcher Napoléon-le-Petit « sur le Rhin ? »

Non ! ne parlons pas des poètes, mais citons les politiques...

Ainsi, Chateaubriand a écrit : « La rive gauche du Rhin, c'est là que tôt ou tard la France doit poser ses frontières, tant pour son honneur que sa sûreté. Les guerres de Napoléon ont révélé un secret fatal, c'est qu'on peut arriver en quelques jours de marche à Paris, après une affaire heureuse, c'est que ce même Paris est beaucoup trop près de la frontière. La capitale de la France ne sera à l'abri que quand nous posséderons la rive gauche du Rhin· » Mais, remarquez-le ! le célèbre écrivain ne dit pas un mot de nationalité, et ne parle que d'un « abri » pour la France !

Là-dessus, vers la fin du Second Empire, Théophile Lavallée, professeur à l'Ecole de Saint-Cyr, fit tout un livre que couronna l'Académie française, *Les Frontières de la France*, et il nous importe de le parcourir, même sans remonter aux Gaulois et aux Francs, ni au traité de Nimègue, c'est-à-dire à « l'idée politique des rois »; et nous nous en prendrons à la première guerre de la Révolution, à l'éveil des peuples, à « l'idée de la foule » qui est bien celle de Chateaubriand et que développe le géographe fran-

çais de 1861. Seulement, sans rappeler ou en rappelant Dumouriez qui ayant dit en 1792 « la France ne
peut avoir de sécurité durable qu'avec la barrière du Rhin, »
écrivait en 1797 « la fameuse barrière du Rhin n'est
bonne que sur la carte ! » il est utile d'écrire qu'après Turenne, Carnot a pensé aussi que le Rhin est une frontière
géométrique, mais trop divergente, trop excentrique, trop
éloignée de Paris, la vraie frontière de la France étant la
frontière de fer de Vauban, celle derrière laquelle Villars,
en 1713, et le Comité de Salut public, en 1792, avaient arrêté
la coalition.

Ah ! voilà ce que Lavallée a bien raison de signaler : les
brèches ouvertes, si savamment, sur nos limites de 1814,
par l'enlèvement de cinq des places fortes du formidable
réseau de Vauban, ouvrant ainsi les entrées militaires de
la France par les trois grandes vallées vers Paris : voilà
la vérité et la justice d'une revendication qui aurait dû
se produire, et ne s'est jamais produite ! ainsi limitée.

La rive gauche du Rhin, où la voit-on française, au-delà
de certains points faciles à délimiter ? car quelle erreur
fut celle de la Convention, quand, par son décret du 14 février 1793, elle incorpora dans le département de la Moselle des communes dont les noms seuls disaient le
germanisme : Tolluig, Trulle, Tœpen, Hihcht, Schwen.
Eppenbrunnen, Oberstinsbach, Entzelhart, Armsberg ! et
plus tard le traité de Campo-Formio commettait la même
faute en traçant la frontière de Bâle à Andernach par
Senscherode, Kœppen, Udelhofen, Blankeinheim, Jacte-
nig, Heimbach, Nideggen, Moffems, Padermof, Lalers-
fort, Nadenberg, Haversloo, Andenheide, Halderkirchen,
Wambech, Herringen !!! — et ces noms-ci nous rappellent
la réflexion de Lavallée lui-même sur les autres « exten-
sions ou usurpations » qui vinrent plus tard — mais le
principe est le même du petit au grand : « La France ne se
reconnaissait plus dans ses frontières lointaines et in-
connues, dans les langues que l'on parlait chez elle, dans

les fils étrangers qu'on lui donnait de force, et dont elle se sentait exécrée. » Il est vrai que l'excellent homme, c'est le même géographe dont nous parlons ! en revendiquant pour la France « le champ de Tolbiac et le Tombeau de Charlemagne, » en arrive à cette bucolique pacifiste ou pacifique : « Si l'Europe est sage et confiante, si elle veut abdiquer ses préjugés et ses vieux ressentiments, si elle accepte des nécessités tracées par la nature, l'histoire, la raison et la justice ! » Si ? ter !... n'insistons pas sur cette naïveté du vieux professeur.

Eh bien ! voici les conséquences de la confusion de la frontière soi-disant naturelle et de la nationalité française ou allemande, à propos de la berge gauche du Rhin, c'est-à-dire d'un fleuve qui est, avec tous les fleuves, « un chemin qui marche » comme on a dit justement, et qui marche entre riverains de même race, de même langue, de mêmes mœurs, facilement unis et réunis par un pont — ou par un simple bateau ! Les bassins des fleuves font les peuples, les montagnes les séparent : ce qui ne veut pas dire qu'un peuple n'a pas le droit de se donner, comme l'Alsace l'a fait, ingermanisable et surtout imprussifiable parce que, si conquise en 1648, elle s'est francisée en 1789 !

Mais nous devons avouer, dès cette heure-ci, que l'examen de cette question de la frontière à distinguer de la nationalité ne préoccupa point l'opinion des publicistes de l'époque, même les plus autorisés par leur talent, leur situation ou leurs services.

Ainsi, Jules Favre avait laissé tomber de la tribune ces paroles: «La France repousse un agrandissement quelconque, parce que toutes les annexions portent en elles l'hostilité de la mère-patrie à laquelle ces annexions sont attachées ! »

Aussitôt, Granier de Cassagnac répondit, non sans une haute éloquence :

Je ne voudrais pas blâmer la Prusse de ses conquêtes ;

je craindrais de blesser dans leurs tombes nos pères morts pour la conquête du Roussillon, pour la conquête de la Franche-Comté, de la Flandre, de l'Artois, de l'Alsace, de l'Algérie. Qu'on soit un état, qu'on soit un homme, on peut devenir grand, mais on naît toujours petit, et je ne connais qu'une manière de grandir, c'est de s'étendre. Je ne renonce pas aux conquêtes, moi !

Mon patriotisme croit aux frontières naturelles; il croit, avec tous les grands capitaines, qu'on est plus en sécurité derrière une montagne ou derrière un grand fleuve, que derrière un poteau timbré aux armes de la Prusse. Il croit au droit d'intervention sur tous les points et dans toutes les questions où la sécurité du Pays est engagée, il croit enfin au droit de la France de définir elle-même ses intérêts et d'en marquer les limites. (Très bien !)

Voilà les préjugés de mon patriotisme et j'en fais des droits ; appuyé sur eux, je demande la paix si on la veut, et la guerre si on l'impose. (Très bien !)

Mais, direz-vous, qui sera juge de l'opportunité ? qui ? le pays, l'Empereur, vous. Une grande nation comme la France n'a que deux arbitres : elle-même et Dieu. » (Applaudissements sur un grand nombre de bancs.)

Evidemment, ce vieil impérialiste exprimait ainsi les sentiments du parti de la guerre ; mais lisez donc le passage du livre de Prévost-Parradol qui fit une si vive sensation, et où l'on vit un brillant écho des opinions libérales du jour, La France Nouvelle :

... En dépit de la volonté des hommes, les choses vont à la guerre. La raison en est bien simple : il est presque impossible que la Prusse, malgré sa prudence, ne fasse point un pas de plus vers l'absorption de l'Allemagne, et il est impossible que le gouvernement français, malgré sa patience, assiste à ce nouveau mouvement sans tirer l'épée... Plus on réfléchira et plus on arrivera à cette conclusion que l'amour de la paix, la philosophie, l'humanité, la ferme volonté, les gouvernements ne peuvent empêcher un choc entre la Prusse grandissante et la France enfermée dans les limites anciennes et privée de toute espérance. Cette déchéance relative est une trop forte épreuve pour notre orgueil politique et militaire ; jamais depuis que le monde existe, l'ascendant, ou si l'on veut, la principale influence sur les affaires humaines n'a passé d'un Etat à l'autre sans une lutte suprême qui établit le droit du vainqueur au respect de tous. Tant que ce choc n'a pas eu lieu, le monde sent instinctivement que rien n'est décidé... Depuis le démembrement du Danemark, la Prusse et la France ont été de loin lancées, pour ainsi dire, l'une contre l'autre à peu près comme deux convois de chemins de fer, qui partis de points opposés seraient placés sur la même voie par une erreur funeste. Après de longs détours, moins longs pourtant qu'on ne pensait, ces deux trains sont en vue l'un de l'autre... Personne ne veut ce choc terrible ; on s'écrie, on s'empresse, la vapeur est renversée, les freins grincent à se briser ; effort inutile, l'impulsion vient de trop loin ; il faut qu'un immense holocauste soit offert à la folie humaine. Comme pourtant les choses de ce monde sont fécondes en surprises, il n'est pas absolument impossible que la paix se maintienne. Il est triste de dire, mais la raison et la vérité vous y obligent, que les conséquences de cette inaction seraient à peu près les mêmes pour nous que celles d'une défaite. Est-ce qu'il est nécessaire d'être envahi pour disparaître de la scène politique et pour tomber dans la dépendance morale de l'étranger? Envahit-on le Portugal?

Certes, si des Français de très haute valeur envisageaient les éventualités d'une guerre comme inévitables, ils ne définissaient point leurs vœux, et ils envisageaient seulement les ambitions de la Prusse avec leurs dangers pour nous : il y a donc loin de là aux grossièretés et aux férocités que nous avons fait lire, cyniquement précises dans leurs convoitises d'une de nos provinces. Or, le véritable maître de nos destinées à cette époque, Napoléon III, ne prétendait pas tenir le Rhin dans le verre d'Alfred de Musset :

> Un couplet qu'on s'en va chantant
> Efface-t-il la trace altière,
> Du pas de nos chevaux marqué dans votre sang.

M. de Parieu, qui honora notre jeunesse de ses bienveillants encouragements au *Corrézien*, a raconté dans ses *Considérations sur l'Histoire du Second Empire* dont notre bon ami le *Moniteur du Cantal* avait la primeur, que « on faisait lire au jeune prince impérial le spécieux ouvrage » de Lavallée dont nous avons critiqué la théorie sans application, *Les Frontières naturelles de la France ;* mais quel est cet « on ? » le précepteur Frossard, peut-être? mais à l'insu évidemment de l'Empereur.

III

La Politique idéale de Napoléon III varia des Nationalités aux Annexions nécessaires pour aboutir à l'Abstention fatale.

Sans doute, M. Emile Ollivier a intitulé Du Principe des Nationalités le premier de ses quatorze volumes de l'*Empire libéral* ; mais dans les développements si littéraires de l'éminent écrivain, vraiment nous ne voyons pas, au contraire ! quelque chose de plus clair qu'une dissertation, nébuleuse elle-même, de M. Deloche, résumée dans la formule qu'on va lire.

En 1860, notre compatriote corrézien Maximin Deloche, plus tard de l'Institut, avait écrit, sous l'épigraphe de Mgr Berteaud : « Les Nations sont voulues de Dieu, » une brochure, éditée par Guillaumin, — *Du Principe des Nationalités*, — qui pouvait flatter à toutes les interprétations souveraines par l'élasticité de ces théories : « — L'affinité de race est un fait de l'ordre ethnologique. — L'individualité nationale est un fait de l'ordre historique. — L'application du principe nouveau n'est pas du domaine de la science proprement dite ; elle procède de la volonté des peuples. — La différence des unes est la base fondamentale de la division rationnelle des états. — Les frontières naturelles, déterminées par les grandes lignes de la géographie physique, modifient cette base dans la pratique. » — Voilà de quoi défaire et refaire toute la carte d'Europe ! et, pour passer de telles abstractions théori-

ques à des déterminations fermes et pratiques, Napoléon III
devait évidemment ne rien vouloir poser, là ou là, en règle
absolue de conduite : d'où l'abstention, après l'expérience
qui ne contenta même pas les Italiens :

L'abstention était, du reste, bien justifiée, puisque personne, autour de Napoléon III, ne voulait servir sa politique extérieure, et c'est M. Emile Ollivier qui nous le raconte : « Il prit l'habitude, dans les occasions solennelles,
de traiter directement avec les ambassadeurs en dehors
de ses ministres auxquels il ne pouvait se fier » ... « Persigny,
Drouyn, de Lhuys et Morny ne s'accordèrent que dans
leur peu de goût pour le principe des nationalités » ... « Pendant leur ambassade à Londres, Malakoff et Persigny
n'ont cessé de désavouer, de décrier et quelquefois de cari-
caturer la politique impériale » (Tome III, pp. 117, 122, 125).

Et M. Thiers a bien signalé aussi de quelle façon on
peut exploiter un principe, en l'exhumant suivant les
lieux, les temps et les circonstances : « Nous sommes en
face de gouvernements qui, sans scrupule aucun, étendent
la main sur toutes les couronnes, moyennant qu'il y ait
un prétexte quelconque, *ou* la conformité de langue, *ou*
la conformité de territoire, *ou* la conformité d'origine ! »

L'ancien ministre Emile Ollivier a beau dire que « 1870
est l'acte final d'un drame commencé depuis longtemps, » et
que « 1866 était une suite de la campagne d'Italie, » quelle
comparaison est-elle possible entre les tendances unitaires
des royaumes latins sous la botte étrangère posée en Lom-
bardie et Vénétie, et celles des Allemagnes avec la Prusse
au nord et l'Autriche au sud, plus le Hanovre, la Bavière
et le Wurtemberg, avec le particularisme de leurs reli-
gions, traditions et mœurs ! Quelle différence, aussi, entre
les dangers du voisinage d'un peuple sans aspirations ni
goûts guerriers et le voisinage d'une nation de proie qui,
de tout temps, a fait son industrie des armes, en commen-
çant par ses frères et regardant férocement plus loin
qu'eux ?

Non ! et nous n'hésitons pas à le dire ! non, la passion politique n'excuse pas les vieux Parlementaires qui ont cru justifier leur re-avènement au pouvoir en se félicitant de la ruine de l'Empire, et en l'accusant, après les défaites de nos armées, ô sommet du mensonge et du blasphème ! d'avoir voulu la guerre et « pris la Prusse à l'improviste et en traître. » — Le génie n'est souvent qu'un déséquilibre, Victor Hugo l'a ainsi prouvé. — Notre reproche à nous, c'est que l'Empereur après les fautes incalculables de 1866 et dont il n'est pas le seul responsable, hélas ! n'ait pas continué la réorganisation militaire et que les jeunes Parlementaires aient entassé fautes sur fautes pour se laisser prendre, précisément « à l'improviste et en traître », par l'infernal diplomate qui les amorça jusqu'à les faire partir eux-mêmes en guerre tout à coup, sans suffisantes précautions intérieures ni extérieures !

Quant au principe des nationalités, et sauf à y revenir ! M. Emile Ollivier en a pu en rechercher la définition et en relever les objections, mais il n'en a pas moins abouti à cet échec de ne pouvoir rien trouver de précis, de formel et d'impératif, les circonstances accommodant la doctrine suivant les vents ou les tempêtes.

Alors, nous laissons — en l'ajournant à des temps meilleurs — la « vision pacifique d'une alliance des peuples » que chante M. Emile Ollivier, avec le couplet de Béranger :

Peuples, formez une Sainte Alliance
Et donnez-vous la main !

Evidemment, Napoléon III ne chantait plus, depuis son appel à la réforme militaire qui avait eu un écho si peu patriotique auprès des tributaires du Suffrage universel — électoral !

M. Emile Ollivier est, du reste, dans le vrai, en écrivant dès son premier volume : « Je ne comprends pas qu'on ait expliqué cette prédilection prussienne (de Napoléon) par l'arrière-pensée de reprendre les provinces rhénanes. La main de la Prusse était la seule dont on ne pût les attendre. Les rois ont l'habitude de prendre et non de donner. Leur ambition actuelle les obligeait plus que jamais à respecter, à flatter, à seconder les ambitions nationales : en eussent-ils eu la volonté, ils n'auraient pas eu le pouvoir de céder un territoire allemand quelconque. Il leur était même interdit, sous peine de ruiner leur avenir, d'accepter une conversation diplomatique sur ce sujet. La poursuite de l'alliance prussienne impliquait le renoncement à la revendication des provinces rhénanes. C'est l'Autriche qui aurait pu les donner ou plutôt aider à les conquérir, en retour d'une garantie de ses possessions italiennes et d'un concours armé dans sa lutte pour la prépondérance en Allemagne. Mais préoccupé de la transformation de l'Europe plus que de l'accroissement de la France, n'admettant pas la conquête comme un titre valable d'annexion, le Prince ne songeait pas à obtenir de l'Autriche ou de qui que ce fût, une province dont il connaissait les sentiments allemands et à laquelle la violence même n'eut pas arraché un vote d'union. »

Après la glorieuse guerre de Crimée, au Congrès de Paris, l'Empereur décida l'admission de la Prusse en même temps qu'il adoucit la défaite russe : les plénipotentiaires s'attendaient bien à quelque réclamation sur les provinces rhénanes, et pourtant, à cette occasion favorable, la France ne poursuivit aucun agrandissement. Avant la guerre des Duchés, le Prussien Goltz n'offrit-il pas à Napoléon le prix de sa neutralité, et celui-ci, signalant simplement la différence de notre frontière Est avec celle de 1814, ne se contenta-t-il pas de répondre : « Nous verrons. Le gouvernement prussien peut compter sur ma neutralité bienveillante et le roi sur mon amitié ; nous nous entendrons facilement avec lui, je l'espère. »

En juin 1866, Bismarck communiquant ses fameux projets à l'Empereur, celui-ci fut contraint de sortir de ses vagues théories et d'en délibérer : Le prince Napoléon (Jérôme) conseillait de laisser prendre à la Prusse sept ou huit millions d'habitants, de donner la Vénétie à l'Italie et d'attribuer à la France 715.000 âmes entre Rhin et Moselle ; M. Duruy désirait qu'on s'emparât des provinces du Rhin, tandis que Persigny disait que « ce serait créer à nos portes une Pologne ou une Vénétie, cause éternelle de faiblesse et de ruine, » et il inventait une sorte de confédération d'états du Rhin, le Luxembourg, la Belgique et la Hollande. L'Empereur s'en tint à une neutralité attentive, et il s'en expliqua dans la célèbre lettre à son ministre des Affaires étrangères : « Si la Conférence avait lieu, votre langage, vous le savez, devrait être explicite ; vous devriez déclarer, en mon nom, que je repousserais toute idée d'agrandissement territorial, tant que l'équilibre européen ne serait pas rompu. En effet, nous ne pourrions songer à l'extension de nos frontières que si la carte de l'Europe venait à être modifiée, au profit exclusif d'une grande puissance, et si les provinces limitrophes demandaient, par des vœux librement exprimés, leur annexion à la France. En dehors de ces circonstances, je crois plus digne de notre pays de préférer à des acquisitions de territoire le précieux avantage de vivre en bonne intelligence avec nos voisins, en respectant leur indépendance et leur neutralité. »

Avec cette déclaration « si les provinces limitrophes demandaient par des vœux librement exprimés leur annexion à la France, » Bismarck qui connaissait avec Persigny les sentiments allemands des provinces rhénanes, Bismarck pouvait être rassuré, et il le fut, jusqu'au jour où la politique idéale de Napoléon III fit vers la politique pratique le soubresaut que nous avons à raconter historiquement.

Les résultats de la guerre austro-prussienne n'avaient été prévus ni aussi rapides ni aussi extraordinaires, non seulement par Napoléon III, mais encore par les personnages les plus autorisés, tels que Thiers, Niel, Trochu,

Gavone et autres qui avaient prophétisé et escompté à l'avance les succès de l'Autriche, ou, tout au moins ! sa longue résistance sous des alternatives de succès et de revers. Sadowa fit tomber à plat ces illusions et montra la faute de l'Empereur des Français de n'avoir pas pris la précaution, recommandée par le maréchal Randon, de mobiliser notre armée, pour faire connaître les conditions de paix désirées, et les imposer au besoin, avant que Vienne fût menacée de si près qu'on ne put lui porter secours à temps.

Alors, Rouher soupira à Conti : « Si nous pouvions dire officiellement : La Prusse consent à ce que nous reprenions les frontières de 1814 et à effacer les conséquences de Watterloo !... » mais il était trop tard, et l'opinion publique le comprenait. Il fallait sortir de ce rêve du « congrès œcuménique » de Napoléon III : Il appellerait les belligérants épuisés et les puissances neutres et leur proposerait « l'organisation d'une Allemagne dans laquelle, la Prusse agrandie et l'Autriche indemnisée, se serait placée une confédération des états moyens. A défaut de cet arrangement, il en imaginerait ou accepterait un autre que les circonstances auraient suggéré ; ce qui subsisterait sous la nouvelle charte territoriale de l'Europe ne le serait qu'à une date nouvelle sous la signature d'un Napoléon qui donnerait à la France, sans guerre et sans conquête, la revanche de Watterloo. » — *Œgri somnia !*

Puis, les fautes s'accumulent les unes sur les autres, et Ollivier en donne la raison par les défaillances du pouvoir personnel : « Drouyn de Lhuys s'en vint rejoindre l'Empereur à Vichy. Le malheureux souverain était alors dans une crise effroyable de sa maladie qui annihilait sa volonté et obscurcissait son intelligence, de telle sorte que le ministre venait dicter des résolutions plutôt que recevoir des instructions. » Et le fameux principe des nationalités lâché, avec la consultation des populations, Benedetti fut autorisé à présenter à Bismarck ce formidable projet, écrit de sa main, et qui fut, naturellement ! divulgué après 1870 : « Art. 1er. L'Empire français rentre en possession des portions de territoire qui, appartenant aujourd'hui à la Prusse, avaient été comprises dans la délimitation de la France en 1815. — Art. 2. La Prusse s'engage à obtenir du roi de Bavière et du grand duc de Hesse sauf à fournir à ces princes des dédommagements, la cession des portions de territoire qu'ils possèdent sur la rive gauche du Rhin et à en transférer la possession à la France » etc.

Ah ! la réponse de Bismarck, après avoir consulté son Roi, fut énergique : « Pourquoi nous faites-vous de telles surprises ? Vous devez bien savoir que la cession d'une terre allemande est une impossibilité. Si nous y consentions, nous aurions, en dépit de notre triomphe, fait banqueroute. Peut-être pourrait-on trouver d'autres manières de vous satisfaire ? Mais, si vous persistez dans vos prétentions, nous emploierons contre vous tous les moyens ; ne vous faites à cet égard aucune illusion. Non seulement nous ferions appel à la nation allemande tout entière, mais nous conclurions immédiatement la paix avec l'Autriche à tout prix : Nous lui laisserions tout le Sud, nous accepterions même la Diète, et alors nous marcherions avec 800.000 hommes sur le Rhin et nous vous prendrions l'Alsace. Nos deux armées sont mobilisées, la vôtre ne l'est pas. — Comment ! s'écria Benedetti, vous pensez que l'Autriche conclurait la paix avec vous ? — Je n'en doute pas. Avant la guerre nous avions déjà négocié cela. Ainsi, si vous allez à Paris, prévenez-les qu'ils affrontent une guerre qui pourrait devenir très redoutable. — Je le ferai, mais ma conscience m'obligera à conseiller à l'Empereur le maintien de sa demande et à lui déclarer que s'il n'obtient pas une cession de territoire, sa dynastie est exposée au danger d'une révolution. — Eh bien ! dans ce cas faites observer à l'Empereur que précisément une guerre engagée ainsi pourrait bien être menée à coups de révolution, et que les dynasties allemandes en ce cas feraient preuve de plus de solidité que celle de l'Empereur Napoléon. »

Tout cela, très calme et finissant sur un ton amical ajoute M. Emile Ollivier; mais avec un autre interlocuteur que Benedetti, avec le général italien Govone, c'était plus raide : « l'Empereur a envoyé en face sa note d'aubergiste. Quel compte! Nous avons fait tout ce que nous avons pu pour lui plaire ; nous nous sommes arrêtés aux portes de Vienne comme des imbéciles. — Nous prend-il moralement pour des lâches ou des enfants ? Les demandes qu'il nous adresse, impossibles à satisfaire, prouvent encore qu'il veut nous chercher une querelle et qu'il est d'accord avec l'Autriche pour cela. »

Evidemment, sans que nous fussions prêts à la guerre, sans avoir donné l'ordre de mobilisation, sans même avoir pressenti l'Autriche et l'Italie, les propositions de Benedetti étaient une niaiserie vis-à-vis de son partenaire et elles ne pouvaient aboutir qu'à une reculade, et l'Empereur « réveillé en sursaut de sa léthargie de malade, » recula, en effet: « Considérez notre projet comme non avenu, dit donc Benedetti à Bismarck ; mais ni l'Allemagne ni le ministre n'oublièrent qu'il avait été présenté *et restèrent convaincus qu'il le serait de nouveau à la prochaine occasion favorable.* »

Or, comment se fait-il qu'après cet impair colossal, le même Benedetti ait été autorisé à négocier encore avec Bismarck, lui laissant même en mains le manuscrit de ce projet insensé: « Art. 1er. — S. M. l'Empereur des Français admet et reconnaît les acquisitions que la Prusse a faites à la suite de la dernière guerre. — Art. 2. S. M. le Roi de Prusse promet de faciliter à la France l'acquisition du Luxembourg. — Art. 3. S. M. l'Empereur des Français ne s'opposera pas à une union fédérale de la Confédération du Nord avec les états du Midi de l'Allemagne, à l'exception de l'Autriche, laquelle Union serait basée sur un

Parlement commun, tout en respectant dans une juste mesure la souveraineté des dits Etats. — Art. 4. De son côté, le Roi de Prusse, au cas où Sa Majesté l'Empereur des Français serait amené par les circonstances à faire entrer ses troupes en Belgique, ou à la conquérir, accordera le concours de ses armes à la France. — Art. 5. Pour assurer l'entière exécution des dispositions qui précèdent, S. M. le Roi de Prusse et S. M. l'Empereur des Français contractent par le présent traité une alliance offensive et défensive. »

Et, ainsi, de capitulation en capitulation, on arriva au traité de Prague, c'est-à-dire à l'unité militaire de l'Allemagne : « militairement, il n'y avait plus de Mein. » Du reste, la fameuse circulaire La Valette par laquelle l'Empereur s'avisa de disserter favorablement sur la nouvelle situation faite à la France en Europe, cette circulaire ne pouvait être acceptée par l'Allemagne après les projets Benedetti, ni par la France qui apprenait en même temps que le perfectionnement de notre organisation militaire devenait une nécessité pour la défense de notre territoire national.

En 1859, il paraît que l'oncle de Napoléon III, l'ancien roi de Westphalie, proposa carrément à l'Impératrice Régente la mobilisation de 300.000 gardes nationaux, en vue d'une attaque sur le Rhin : — « Je ne voulus pas, dit-elle, malgré l'avis de la majorité des ministres, consentir à signer là, devant l'Europe, un aveu de notre impuissance militaire. » Eh bien ! la majorité des ministres avait raison ; et cette mobilisation eut certes permis de régler la paix tout autrement pour nous, vis-à-vis de l'Italie et de l'Autriche, surtout en faisant dès cette époque une part à la Prusse, après la nôtre, dans ce règlement européen.

Mais en 1866, avant la campagne de Bohème, la mobilisation que voulait le maréchal Randon, eut été bien plus facile, bien plus opportune, bien plus efficace ! Napoléon III ne la voulut pas, parce qu'il croyait pouvoir intervenir plus tard, comme médiateur appelé par les deux parties, entre la Prusse et l'Autriche, épuisées l'une et l'autre, ni l'une ni l'autre tout à fait vaincues : illusion déplorable ! et qu'il aggrava en renonçant à ses propres principes sur les nationalités par les aberrations, successivement formulées, abandonnées et même reniées, des provinces rhénanes et puis de la Belgique !

Or, que pouvait-il bien revendiquer puisqu'il reconnaissait désormais que des « annexions étaient commandées par une nécessité absolue ? » Eh bien! il fallait préciser franchement cette « nécessité », en sauvant le principe même des nationalités qui devait infailliblement nous brouiller avec l'Allemagne pour les provinces rhénanes, et avec l'Angleterre pour la Belgique (à moins de lui donner Anvers).

La « nécessité absolue » était d'abord d'exiger la rectification de toute la frontière de fer de Vauban pour couvrir Paris sur ses trois entrées ; ensuite d'imposer l'autonomie militaire des états de l'Allemagne du Sud ou de constituer plutôt, avec eux ou l'un d'eux, une puissance neutre, façon belge ou suisse ; enfin, de laisser l'Autriche en état de contrebalancer la Prusse. Il n'en fut rien ! la question ne fut pas même posée, ni examinée, que Bismarck eut dû subir ! et la France resta suspecte à l'Allemagne avec les papiers Benedetti et les bravades parlementaires, tant des opposants qui rappelaient avec Thiers notre humiliation, que des courtisans qui ne cachaient pas avec Granier de Cassagnac l'esprit belliqueux de la revanche.

Comment sortir de là ? — On n'en sortit pas : En effet, le Parlementarisme renaissant, préoccupé de sa popularité électorale, empêcha Napoléon III de faire au moins la réorganisation forte de l'armée, et l'état d'esprit gallophobe d'au-delà du Rhin fut si peu pris au sérieux, malgré les rapports officiels et officieux, que la première condition de l'avènement au pouvoir d'Emile Ollivier fut précisément l'abandon des projets militaires, suivi bientôt de la diminution du contingent !

Quos vult perdere Jupiter demantat !

IV

L'Opinion publique, énervée par l'abstention de 1866, s'illusionnait sur nos forces militaires et nos alliances, les pouvoirs publics se trompant ou nous trompant.

M. Emile Ollivier s'est fait un devoir de nous dire quel était l'état d'esprit public, lorsque l'incident Hohenzollern éclata, avec d'autant plus de bruit que la diplomatie impériale avait oublié son origine et qu'elle ne put rien cacher: « Au-dessous de la portion politique de la nation, la masse agricole, dit-il, restait paisible, beaucoup plus préoccupée de la sécheresse que des périls d'une royauté prussienne ou espagnole, ne désirant pas la guerre, ayant néanmoins un vague instinct que la Prusse était bien arrogante et que cela ne pouvait durer longtemps ainsi ; du reste, plus que jamais pénétrée de confiance sans bornes dans la sagesse de son Empereur, et prête à lui donner ses enfants quand il le croirait nécessaire. » Mais l'autre portion politique de la nation, celle des villes que M. Emile Ollivier place légitimement au-dessus des campagnes, avec ses professions libérales, ses écoles, son industrie, son commerce, etc., devait l'emporter sur la masse agricole, paisible et confiante.

Depuis longtemps, en effet, se faisaient sentir le malaise, l'incertitude, l'ennui même de notre fausse situation, et M. Magne, ancien ministre et ami de Napoléon III, s'en était fait ainsi l'interprète, en lui écrivant : «Le sentiment national serait profondément blessé, cela me paraît hors de doute, si, en fin de compte, la France n'avait obtenu de son intervention (au traité de Prague), que d'avoir attaché à ses flancs deux voisins dangereux par leur puissance démesurément accrue. Tout le monde se dit que la grandeur est chose relative, et qu'un pays peut être diminué tout en restant le même, lorsque de nouvelles forces s'accumulent autour de lui. »

Ce sentiment sur le rôle de Napoléon III était celui de l'immense majorité des Français, après les résultats imprévus de 1866, notre armée n'ayant même pas mis l'arme au bras pour sauvegarder, avec sa sécurité propre, le vieil équilibre européen.

Or, quelle fut la véritable cause de l'attitude de Napoléon III, après les événements significatifs du Slesvig-Hostein et plus tard devant la rupture entre la Prusse et l'Autriche ?

L'Empereur s'hypnotisait-il dans le rêve du principe des nationalités ? Nous avons déjà répondu, en rappelant que les évolutions de la politique étrangère de Napoléon III, hélas! faite d'idéologie, d'hésitation et d'abstention finale.

Et nous passons à la seconde hypothèse impériale :

D'autre part, après l'aventure du Mexique, dramatiquement close dans les fossés de Queretaro par l'altier entêtement de Maximilien et la première fourberie de Bazaine, peut-être l'Empereur des Français jugea-t-il que son armée était par trop affaiblie pour la mobiliser et la mettre en ligne sur le Rhin ; cependant, l'on connait le mot du maréchal Randon à cette époque, se portant fort d'acheminer immédiatement 80.000 hommes à la frontière et d'avoir en vingt jours 140.000 hommes sur le Rhin et 110.000 à Lyon, tandis que M. Drouyn de Lhuys disait :
— C'est trop de 80.000 hommes, 40.000 suffiraient, et même des gardes champêtres ! — Le roi de Prusse avant de s'enfoncer en Bohême le savait bien, quand il disait à Benedetti : « Nous serons dans les mains de l'Empereur. »

L'intervention armée n'eut pas lieu, la campagne alle-

mande commença à se faire au profit de la monarchie de
Frédéric, et Napoléon III, les mains vides pour notre
pays, en fut réduit à lui jeter le cri d'alarme : « En présence des événements qui viennent de s'accomplir, il est
indispensable que la France remanie son organisation
militaire, et cette tâche vient d'être confiée aux personnages les plus célèbres dans les armes. »

C'est que, dès lors, nous avions bien les deux voisins
dangereux attachés à nos flancs, comme disait M. Magne,
pendant que M. Benedetti avait la naïveté de laisser entre
les mains de Bismarck le manuscrit du projet chimé-
rique d'annexion de la Belgique à la France, tout prêt à
être servi à l'Angleterre quelques ans plus tard !

Là-dessus, comment se fait-il qu'avec son pouvoir personnel Napoléon III, petit à petit, abandonna la réorganisation de l'Armée telle qu'il l'avait prévue ? et qu'à l'avènement du néo-parlementarisme, M. Emile Ollivier crût à
la paix avec l'Allemagne, au point de laisser même dimi-
nuer le contingent annuel, sans organiser la garde mobile ?

La vérité la moins discutable est peut-être ailleurs : tout
simplement dans l'état de santé du chef de l'Etat, l' « affaiblissement », suivant le mot d'Emile Ollivier, produit par
les souffrances de la pierre, si bien diagnostiquée par le
docteur Larrey ; mais Napoléon III ne voulut pas se soumettre à un examen médical, pour aller subir le traite-
ment de Vichy, contre-indiqué.

L'opinion publique, en dehors de la petite minorité des
intellectuels de l'époque qui célébraient l'esprit soi-disant
moderne de la Prusse avec ses universités prétendues
libérales, l'opinion n'admettait que ce qu'elle pouvait voir
ou deviner dans son bon sens.

La paix, était-elle possible ? L'hégémonie allemande
pouvait-elle se poursuivre spontanément ? La France
vivrait-elle et prospérerait-elle à côté de sa voisine enrichie
et agrandie ? Le génie prussien ne devait-il pas renouveler
son art infernal de faire déclarer la guerre, à sa volonté et

à son moment, par son adversaire et sous sa responsabilité ? La suite du récit le prouvera.

La mise en demeure de la déclaration du 6 juillet : « Nous saurions remplir notre devoir sans hésitation et sans faiblesse ! » était réellement une faute ; mais telles sont les ironies des choses, que cette faute fut heureuse, *felix culpa* : elle déconcerta Bismarck lui-même.

— Comment, dût-il se dire, la France parle un tel langage ! il faut donc qu'elle ait préparé la guerre, que sa mobilisation soit prête, qu'elle ait des alliances sûres !

Or, le 6 au matin, il était encore temps d'être modeste ; mais le maréchal Lebœuf, ministre de la guerre, avait répété ses affirmations à l'Empereur : « Nous sommes plus forts que les Prussiens sur le pied de paix et sur le pied de guerre. » Auparavant, il avait déclaré aussi à la Chambre : « Ma seule politique, la voici : c'est d'être toujours prêt ; quant à me mêler de la paix ou de la guerre, cela ne me regarde pas. Si la guerre arrive, je dois être prêt, tel est mon devoir, et je le remplirai. » (Discours du 30 mars 1870).

Le devoir fut si bien rempli que plus tard Abel Douay se faisait tuer à Wissembourg sans avoir une carte (on en trouva 44 dans les cantines de Lassalle après Wagram), que Canrobert télégraphiait : « Je n'ai plus de cartouches, plus de munitions d'artillerie, » que Ladmirault a déposé : « Il est impossible d'entreprendre une affaire de longue haleine, car on serait usé, faute de munitions. » Enfin, Frossard a été plus loin : « L'organisation matérielle était incomplète. Les commandants de corps d'armée n'avaient encore connaissance d'aucun plan de campagne. »

L'Empereur, revenant sur ses premières préoccupations, avait dit aussi, dans un dernier discours du trône : « Notre armement perfectionné, nos magasins et nos arsenaux remplis, nos réserves exercées, la garde nationale mobile en voie d'organisation, notre flotte transformée, nos places fortes en bon état donnent à notre puissance un développement indispensable. Le but constant de nos efforts est atteint ; les ressources militaires de la France sont désormais à la hauteur de ses destinées dans le monde.»

Et Niel lui-même, certes il avait averti Jules Favre qui ne voulait pas faire de la France une caserne : « Craignez plutôt d'en faire un cimetière ! » mais Niel dont la réputation de réorganisateur de l'armée nous parut toujours surfaite, pour sa conception de la Garde mobile à côté de l'Armée régulière sans « l'amalgame » des guerres de la Révolution, excellemment repris par la loi militaire actuelle, Niel avait dit : « Que nous soyons à la paix ou à la guerre, cela ne fait absolument rien au ministre de la guerre, il est toujours prêt. » Et encore : « Dans quinze jours nous aurions 415.000 hommes. » Et enfin : « Quand on a une telle armée, ne pas faire la guerre, c'est de la vertu. »

Le général Ducrot, qui commandait à Strasbourg, et le colonel Stoffel, qui était notre attaché militaire à Berlin, n'avaient-ils pas, pourtant, signalé l'organisation formidable de l'armée allemande avec toutes ses bravades gallophobes ?

Quel vent de folie sur ces chefs! car comment oubliaient-ils la vérité? comment pouvaient-ils l'oublier ? Voyons ! est-ce que le 19 mai, pour étudier un plan de campagne de l'archiduc Albert d'Autriche, l'Empereur n'avait-il pas réuni, en une sorte de conseil militaire, le maréchal Le Bœuf, les généraux Lebrun, Frossard et Jarras ? Sans doute, nous verrons, un peu plus loin, comment il convient de réduire ces échanges de vues à des proportions académiques ; mais les dissertations auraient dû avoir au moins une conclusion formelle et la faire reparaître au 15 juillet suivant !

Ainsi, la France armée n'était pas prête pour remplir ce que la déclaration ministérielle avait appelé son «Devoir».

Or, la France était-elle seule en face de l'ennemi héréditaire ?

Après l'interrogation suprême sur l'état de l'Armée, le Conseil des ministres du 6 août s'était demandé quelles alliances pouvaient nous aider : Sur ce terrain-là, s'il ne fut pas trompé, comme sur l'autre, par les techniciens et professionnels, convenons qu'il se trompa : il se trouvait, en effet, avec de bons procédés, des avances et des projets par devers nous ; mais rien de défini et de définitif !

Vis à vis de l'Autriche, M. de la Gorce, qui a écrit une très longue *Histoire du Second Empire*, fait justement remarquer que lorsqu'on voulut passer avec l'Autriche de l'entente parlée à l'entente écrite, des dissentiments s'étaient révélés, et rien ne fut conclu : ce n'était pas facile, du reste, François-Joseph n'oubliant pas que son empire se composait de peuples divers, Allemands, Hongrois, Polonais, Croates, Italiens, Tchèques, Ruthènes, Roumains, aux aspirations contraires ; et, en demandant six semaines pour la mobilisation, l'archiduc Albert, en même temps qu'il se prémunissait contre les surprises douloureuses de 1866, assurait à son pays de n'intervenir qu'à bon escient, quand on sentirait souffler le vent favorable, c'est-à-dire quand la France serait déjà venue au secours de l'Allemagne du sud, avec un premier succès, justifiant tous les espoirs prochains.

Et l'Italie ? certes, Victor-Emmanuel se rappelait la campagne de 1859 vis à vis de Napoléon III et de son gendre, le prince Napoléon (Jérôme), mais la nation voulait Rome pour capitale, et l'Empereur était bien résolu à maintenir la Convention du 15 septembre, au moins du vivant du pape Pie IX (qui ne mourut que neuf ans plus tard). — Si Garibaldi, fort des assurances de la Prusse, avait risqué le coup de Mentana, que ne ferait-il pas à nouveau contre la garnison française, le jour où la France serait entrée en campagne, à l'autre extrémité du territoire ? — A ce sujet, n'y a-t-il pas une lacune dans le le livre de M. Emile Ollivier? En effet, le 24 novembre 1876, le prince Napoléon prononça, à la Chambre des députés, un discours sur les dessous diplomatiques de 1870 et où il dit : « Il est incontestable, que si nous avions eu des alliances sérieuses, des alliances bien conduites, des alliances certaines, le résultat de la guerre eût été tout autre. Eh bien ! ces alliances, tous les documents diplomatiques, le prouvent, elles étaient faites, elles existaient. Il n'y avait qu'une question pendante, c'était celle du pouvoir temporel du pape. Si on avait abandonné le pouvoir temporel, on aurait eu une alliance immédiate... C'est le maintien du pouvoir temporel du pape qui nous a valu la perte de l'Alsace et de la Lorraine. » Le prince Jérome est resté jusqu'à sa mort l'ami de M. Emile Ollivier, et personne ne sait mieux que nous dans quels termes : — Comment ! comment ! vous ne connaissez pas un homme tel qu'Ollivier ? nous disait-il, en arpentant son cabinet.

Quant à la Russie, tandis qu'entre bons parents, le czar et le roi de Prusse entretenaient soigneusement leurs relations personnelles, Gortchakoff montrait très apparemment son humeur mauvaise contre la France dont l'eut fait seule se départir la révision des traités de 1856 sur la neutralité de la mer Noire.

La mer Noire ? mais là-dessus veillait l'Angleterre, traditionnellement égoïste ! et qui ne soupçonnant pas les prétentions ultérieures des Allemands dans le domaine maritime, flattait naïvement à Berlin une puissance territoriale qui pouvait avoir besoin de sa flotte de guerre et de son commerce surtout.

Le chapitre de M. Emile Ollivier sur les négociations avec les puissances n'est autre qu'un aveu d'abandon ; la France étant jalousée, on était bien aise de lui voir faire l'essai de sa force, et l'essai devait déterminer les résolutions : point de grandeur dans ces relations-là, mais de la prudence utile, convenons-en comme plus haut, et ajoutons-y cette justification partie de Munich, qui paraît bien avoir ainsi interprété les sentiments de tous les États du Sud de l'Allemagne, anti-prussiens fussent-ils : « Si la guerre

éclatait entre la France et la Prusse, notre position serait
très embarrassante ; car si d'une part il est certain que la
question n'intéresse en aucune façon la Bavière, nous ne
saurions d'autre part rester impassibles à l'*invasion du
territoire allemand* sous le prétexte que l'Espagne a accepté un prince prussien pour la gouverner. » Du reste,
M. de Beust n'avait-il pas, de Vienne, conseillé secrète-
ment aux états moyens de circonscrire les termes d'une
alliance avec la Prusse et de la limiter au cas d'une *attaque par la France.*

L'auteur de *La France et la Prusse avant la guerre,*
M. Richard Cosse, rappelle justement que les officiers
prussiens nous ont assez dit pendant la guerre : « C'est la
France qui a voulu la guerre ! » mais que n'a-t-il parlé plus
à propos des officiers bavarois, wurtembergeois etc. qui
n'avaient pas, eux, et bien au contraire ! l'esprit de conquête, sous le caporalisme de leurs voisins, si intéressés à
crier à la garde du Rhin ?

Voilà donc la situation de notre pays, le jour même où
notre ministre des Affaires étrangères parlait si crâne-
ment devant toute l'Europe.

V

Ni règle, ni tactique, ni correction parlementaires,

dès l'incident Hohenzollern

Ainsi, les incertitudes de nos alliances devaient singulièrement amoindrir dans l'esprit des Ministres les assurances belliqueuses des trop braves grands chefs militaires ; et sous ces dernières impressions, le Cabinet fit bien de négocier aux endroits où il lui était encore possible de le faire, même en supposant simplement la bonne foi de Guillaume et non un guet-apens de Bismarck.

M. Emile Ollivier est aigre-doux pour justifier la mission confiée en ce moment-là à M. Benedetti, et il ne peut s'empêcher de rappeler les reproches de l'Opinion, irritée de ce que la fameuse nouvelle de la candidature Hohenzollern n'ait pas été signalée tout d'abord par nos représentants à Berlin et à Madrid. — Et, après tout, si M. Benedetti avait été insuffisamment informé en mars 1870, il l'avait été en 1869, et M. de Lostende pouvait bien ne pas savoir ce qui était caché même à M. Olozaga, l'ambassadeur d'Espagne à Paris. Ce n'est pas capital, alors ; mais ce qui l'est, c'est la suite : « Benedetti exposa au roi, dans une forme très ferme, très mesurée, pleine de tact et de respect, l'objet de sa mission : » « ne pas accorder l'autorisation (au candidat) si elle n'était déjà obtenue, et la retirer si elle était déjà un fait accompli. »

Le vieux roi de soixante-treize ans appréhendait évidemment une nouvelle guerre et le risque de perdre les bénéfices de ses premières victoires ; mais il ne voulait

pas plus se découvrir que découvrir son ministre : il fit
des aveux sur sa participation au projet de candidature,
mais il maintint ne l'avoir approuvée que comme chef de
famille (et à quel degré, bonté divine !) et non point comme chef d'Etat !

Il n'y avait rien encore de définitif, mais la contagion
des assemblées trop nombreuses, ce qui est le parlementarisme, gagna le Corps législatif et s'y manifesta même
par de véritables intempérances de langage ; et cependant
voici que le salut arriva du côté où on ne l'attendait pas :
Sur les démarches espagnoles, le père Antoine de Hohenzollern refusa le trône au nom de son fils Léopold.

Tout était donc fini ?

Non ! tout commençait ; nous n'étions qu'au prologue
du drame : Le roi de Prusse allait communiquer la renonciation de Léopold de Hohenzollern à M. Benedetti et lui
assurer qu'il l'approuvait.

C'était assez.

Mais Bismarck veillait, et il ne renonçait pas à entraî-
ner le roi dans une nouvelle guerre, en lui persuadant,
une troisième fois ! qu'il était provoqué ; or, par malheur,
en même temps, un parti s'élevait en France pour favori-
ser inconsciemment le sinistre diplomate allemand. —
M. Emile Ollivier cloue deux noms à son pilori : « deux
malfaiteurs, dit-il, Jérôme David et Clément Duvernois. »
Mais étaient-ils les seuls coupables et complices ?

Comment, en effet, la nouvelle de la renonciation était-
elle venue à Paris.

M. Emile Ollivier nous conte sa propre faute avec une
complaisance qui nous surprend chez cet avocat hors pair :

Vers deux heures, je quittai le ministère pour me rendre à pied à la Chambre, à travers le jardin des Tuileries.
J'étais profondément triste : il me paraissait évident que
la volonté de la Prusse était de nous imposer la guerre, et
que nous y étions acculés. Cette perspective me désespé-
rait. J'avais à peine fait quelques pas, absorbé dans mes
pénibles réflexions, que je fus comme réveillé en sursaut

par la voix d'un employé du ministère de l'Intérieur qui me remit une lettre de Chevandier. Cette lettre contenait la copie de la dépêche en clair expédiée par le prince Antoine à Olozaga, qui venait d'arriver, et dans laquelle était inclus le texte de la renonciation de ce prince au nom de son fils. Il existait au ministère de l'Intérieur un service spécial chargé de prendre copie de toutes les dépêches traversant Paris, y arrivant ou en partant, qui, malgré leur caractère privé, était de nature à intéresser la paix publique : la dépêche du prince Antoine ayant ce caractère avait été copiée, et Chevandier me l'envoyait en même temps qu'à l'Empereur et à Grammont.

Je revins vivement sur mes pas pour donner la bonne nouvelle à ma femme, et je repris ma route. Quelques doutes m'assaillirent. Que signifiait cette renonciation qui tombait tout d'un coup du ciel. Etait-elle sérieuse. N'était-ce pas une mystification de l'agiotage. Pourquoi Olozaga, avec lequel j'avais des relations journalières, ne me l'avait-il pas fait pressentir, l'Empereur ne paraissait pas s'en douter au Conseil : la connaissait-il? l'ignorait-il? En avait-on parlé à Grammont ? J'écartais ces doutes. Il me parut impossible qu'un acte ainsi annoncé fût une mystification ; je le considérai comme certain. Je crus alors tout sauvé, et telle fut ma joie de la paix ressaisie, telle ma crainte de la perdre de nouveau, que toutes les dispositions de combativité auxquelles j'avais fini par me résigner, fondirent sous la chaleur de la nouvelle inespérée. Il n'y avait plus à se montrer raide, mais accommodant, facile, à considérer le résultat obtenu au lieu de le compromettre. L'affaire était sûrement finie si nous ne commettions aucune imprudence, et j'en étais si heureux que, par moment, je ne pouvais pas y croire.

Toutefois il me parut que je ne devais pas divulguer le document que je tenais dans mes mains, que je relisais comme si j'allais y trouver le secret de l'événement. C'était un document de police politique sans caractère officiellement avouable, et j'étais tenu à n'en pas révéler l'existence. Je le mis donc dans ma poche qu'il brûlait quelque sorte. J'avais encore fait à peine quelques pas que je fus rejoint par un autre envoyé, celui-là de mon cabinet, Boissy. Il m'apportait un rapport dans lequel on relatait que, dans le local de la gauche irréconciliable, à la Sourdière, Gambetta venait de prononcer un discours superbe : le thème en était qu'il fallait considérer l'affaire Hohenzollern comme un détail et demander résolument l'exécution du traité de Prague et la démolition des forteresses qui menaçaient notre frontière. « S'il prononçait ce discours à la Chambre, le ministère n'y résisterait pas. »

J'arrive au Corps législatif, on m'interroge : Qu'y a-t-il de nouveau. Je me garde bien de dire ce que je venais d'apprendre. « Rien encore, dis-je, mais Grammont doit conférer avec Werther dans quelques instants, et à la fin de la journée nous saurons à quoi nous en tenir. »

A ce moment Olozaga déboucha dans la salle des conférences. Le visage animé, agitant un papier, il se précipite vers moi et m'attire dans un coin. « Grammont est-il là ? — Non, il est aux Affaires Etrangères avec Werther. — C'est que j'ai une bonne nouvelle à vous donner. » Il me lit le télégramme dont j'avais la copie dans ma poche. « La nouvelle est donc sérieuse, lui dis-je. — Oui, oui, n'en doutez pas ; tout est terminé. » Puis il me quitta pour se rendre auprès de Grammont.

Les députés qui avaient vu l'arrivée d'Olozaga, sa pantomine, le papier tendu, m'entourent dès qu'il m'a quitté : « Il y a donc quelque chose d'important ? » Une délibération rapide comme la pensée eut lieu dans mon esprit. Divulguerai-je la dépêche ou la garderai-je pour moi ? La copie saisie au passage d'une transmission télégraphique par la haute police d'Etat, était devenu un texte authentique produit devant de nombreux assistants par l'ambassadeur auquel il était adressé ; une communication ainsi faite n'indiquait pas le désir du secret ; le caractère même de la dépêche l'excluait : on n'expédie pas une dépêche en clair lorsque on ne veut pas la rendre publique. Pourquoi aurai-je caché à ces députés pour faire inutilement l'important, un fait que tout le monde allait connaître par les journaux du soir, que beaucoup connaissaient déjà au ministère, au télégraphe, dans les ambassades, dans les chancelleries, dans les offices d'agences, dans les bureaux de journaux ? Les indignes adversaires avec lesquels j'étais aux prises n'auraient pas manqué d'incriminer ma réserve comme une complaisance aux spéculateurs. Certes, je n'aurais pas hésité à affronter ce risque, quoiqu'il me fut beaucoup plus sensible que d'autres auxquels je m'exposais quotidiennement, si un intérêt public l'eut exigé. Il n'y en avait aucun, car je ne pouvais regarder comme un intérêt public l'espérance vaine d'empêcher une manifestation parlementaire du parti de la guerre, manifestation qui, retardée au lendemain et mieux organisée, n'en eut été que plus violente. Je donnai donc lecture du télégramme à ceux qui m'interrogeaient. Un de mes auditeurs était le célèbre ingénieur Paulin Talabot, le créateur des chemins de fer français, ancien saint-simonien, pacifique par doctrine et par intérêt. « La Prusse se moque de vous », murmura-t-il à mon oreille.

On m'appelle dans la salle des Pas-Perdus. Une cohue

roule vers moi et m'interpelle. Je n'avais pas à cacher dans une salle ce que je venais de dire dans l'autre : — « Oui, répondis-je, il y a une dépêche adressée à Olozaga par le prince Antoine annonçant qu'il retire la candidature de son fils. — Et le traité de Prague ? s'écrie une voix. — Nous n'en avons jamais parlé à la Prusse : nos pourparlers n'ont porté que sur la candidature. — Est-ce la paix ? me cria-t-on encore. J'ouvris les bras par un geste évasif qui signifiait : « Je ne veux pas vous répondre encore. » Mais si mes lèvres restèrent muettes, l'éclair de joie qui illuminait mon visage disait l'espérance qui illuminait mon cœur.

Vraiment ! c'est à ne pas y croire, si on ne le lisait signé Emile Ollivier, dans son volume même !...

Voilà donc un ministre ! qui est prévenu d'une nouvelle d'où peut dépendre, dont doit dépendre le sort d'un cabinet parlementaire ! d'une dynastie ! d'un pays ! et au lieu d'aller aussitôt vers son collègue des Affaires étrangères, et puis vers l'Empereur qui a toujours son pouvoir personnel puisqu'il n'y a pas encore un régime constitutionnel rigoureux, voilà M. Emile Ollivier qui revient sur ses pas « pour donner la bonne nouvelle à sa femme » et, qui pis est ! le voilà qui « reprend sa route » vers le Parlement ! puis, il se laisse assaillir par « la cohue qui se roule vers lui et l'interpelle » et il répond en ouvrant les bras par un geste évasif qui voulait signifier : « Je ne veux pas vous répondre ! »

Oui, si nous ne lisions pas cet aveu écrit, nous nous demanderions vite de quels contemporains il faut réclamer le témoignage !

Vous allez voir, en effet, les conséquences de cet abandon immédiat : « Sans s'être au préalable concerté avec ses collègues ». tous absents de la Chambre, M. Emile Ollivier crut seulement ne pas se permettre un commentaire suivi d'une conclusion, mais il avait déjà fait du mal par l'imprudence de se présenter à la Chambre et d'y confirmer la nouvelle sans attendre d'en connaître les détails, et de pouvoir en ménager les effets par une déclaration officielle, solidaire de tous les ministres et de l'Empereur lui-même !

Pas du tout ! ayant fait lire la dépêche aux uns et aux autres, amis et ennemis, soit du ministère, soit de l'Empire même ! M. Emile Ollivier songe, enfin ! en laissant la Chambre livrée à toutes les nervosités d'une de ces assemblées si nombreuses que nos paysans les appelleraient une foire, il songe à aller vers l'Empereur qu'il trouve satisfait, vers Grammont qui « enfermé dans son cabinet ne savait rien de ces agitations. »

Cette fois, très sagement, notre ministre des Affaires étrangères venait de télégraphier à M. Benetti : « Employez votre habileté, je dirai même votre adresse à constater que la renonciation du prince nous est annoncée, communiquée ou transmise par le Roi de Prusse ou son Gouvernement. C'est pour nous de la plus haute importance ; la participation du Roi doit à tout prix être consentie par lui ou résulter des faits d'une manière saisissable. »

Voilà pour réparer les effets de la communication incorrecte et imprudente dans les couloirs, bruyants et bavards, voilà un programme très net, et très facile à remplir sur la largeur du mot « saisissable. »

Oui, mais il nous faut continuer...

Sur la simple espérance et la première information que la candidature Hohenzollern va être retirée, notre ministre des Affaires étrangères se contente d'une participation très indirecte du roi de Prusse ; mais, réflexions faites aussitôt !... il attache une importance majeure à l'intervention de Guillaume ! et sous ces impressions dernières, le malheur faisant que l'ambassadeur de Prusse vient à son audience, M. de Grammont insiste auprès de M. de Werther pour que Sa Majesté s'associe d'une façon saisie, mieux que « saisissable » à la renonciation du Prince.

Sans doute, ce n'était pas là une demande formelle, ni officielle, puisque l'Empereur n'en était pas prévenu et que les ministres n'en avait pas délibéré ; mais c'était une

imprudence qui décelait l'état d'esprit de notre gouvernement, et M. Emile Ollivier qui tenait pour « secondaire »
cette participation, en survenant et prenant part à la
conversation, eut le tort de ne pas « arrêter Grammont »
et de ne point lui rappeler qu'il était convenu avec
l'Empereur d'ajourner toute décision jusqu'au lendemain
neuf heures en Conseil ». Lord Palmeston a eu beau dire
« qu'on ne saurait supprimer ces conversations sans rendre impossibles ces relations familières que facilitent la
bonne entente entre ministres et gouvernements », il n'en
est pas moins vrai qu'il y eut là une imprudence grave de
MM. de Grammont et Ollivier, car plus tard leur « sugges-
tion » ne fut pas rapportée ou du moins comprise comme
cela, et quand M. de Werther, revenu à Berlin, en rendit
compte, ce fut un nouveau sujet de mauvaise humeur du
vieux Guillaume, excité du reste par le malfaisant génie
de la politique prussienne.

Et bien ! il faut en convenir ! cet état d'esprit de M. le
duc de Grammont ne réflétait que trop celui de bien
d'autres personnages, et puissants !

En effet, il était une heure quarante quand le ministre
des Affaires étrangères avait télégraphié, sagement et
prudemment, à Berlin ; et il était quatre heures quand
M. de Werther avait quitté MM. de Grammont et Ollivier ;
or, trois heures plus tard, une décision des plus graves
était prise, et si elle émanait de « délibérations consciencieuses », suivant le mot d'Emile Ollivier, ces délibérations n'étaient point celles du Conseil des Ministres,
mais bien celles d'un groupe anonyme, improvisé à Saint-
Cloud !

Qu'appelle-t-on un coup d'Etat, si ce n'est une intervention illégale dans le régime politique d'un pays, non pas
toujours pour changer la forme constitutionnelle, mais
quelquefois pour diriger les destinées de ce pays vers un
but opposé.

En effet, en rentrant, ce jour-là, de Paris à St-Cloud,

poléon III se trouve dans une atmosphère tout autre que celle des Tuileries qu'il venait de quitter :

L'Empereur, à Saint-Cloud, tombe dans un milieu plus excité. A la Cour dominaient la droite et le parti de la guerre, on n'y entendait de protestations que de la part de l'écuyer Bachon : « Je ne comprends pas, disait-il, qu'on songe à la guerre, quand on ne peut plus se tenir à cheval. » On lui faisait froide mine. L'Impératrice convaincue, elle aussi, que la France était malade depuis Sadowa, s'était mise, après l'abattement passager, signalé par le maréchal Vaillant, à écouter volontiers le parti qui lui donnait des promesses de victoire. Le général Bourbaki, bon juge en matière de bravoure et de combat, connaissant à fond l'armée prussienne, lui prodiguait les assurances encourageantes : « Sur dix chances, lui disait-il, nous en avons huit. » Le plébiscite avait mis hors de toute atteinte la solidité de la dynastie, mais il n'avait pas rétabli la prépondérance de la France. Si la guerre n'était plus un intérêt dynastique, elle restait un intérêt national, et l'Impératrice croyait qu'il était du devoir de l'Empereur de relever notre prestige, d'autant plus qu'on ne pouvait plus le soupçonner d'être mû par son intérêt personnel. A son arrivée, on court l'interroger : « Eh bien ! cela paraît fini ? » Les visages s'assombrissent, l'Empereur s'explique. On l'écoute avec incrédulité, et on lui répète le mot courant : « Le pays ne sera pas satisfait. » Lorsque la nouvelle se répand dans le personnel du château, le mécontentement éclate comme au Corps législatif : « L'Empire est perdu ! » s'exclame-t-on de toutes parts. « C'est une faute ! » s'écrie l'Impératrice, l'Empire va tomber en quenouille ! » Le général Bourbaki, plus bouillant que les autres, décroche son épée, l'étend sur le billard et dit : « S'il en est ainsi, désormais je refuse de servir. » On apporte le texte de l'interpellation Duvernois. L'Empereur, qui en a deviné la maline intention, la blâme ; néanmoins il en est frappé ; il y voit l'expression d'une exigence publique dont il sera peut-être difficile de ne pas tenir compte. Dans cet état des esprits, Grammont survient. Il raconte les échappatoires excédants de Werther, sa déclaration que le roi est absolument étranger à la renonciation ; il montre les défectuosités palpables de l'acte du prince Antoine. Alors, l'Empereur oublie que toute résolution a été remise au Conseil du lendemain — « et, dit Grammont, des délibérations consciencieuses s'ouvrirent aussitôt. »

Le résultat fut le télégramme suivant expédié à M. Benedetti et que Grammont alla immédiatement expédier :

« Nous avons reçu des mains de l'ambassadeur d'Espagne
» la renonciation du prince Antoine, au nom de son fils
» Léopold, à sa candidature au trône d'Espagne. Pour que
» cette renonciation du prince Antoine produise tout son
» effet, il paraît nécessaire *que le roi de Prusse s'y as-*
» *socie et nous donne l'assurance qu'il n'autoriserait pas*
» *de nouveau cette candidature.* Veuillez vous rendre
» immédiatement auprès du roi pour lui demander cette
» déclaration qu'il ne saurait vous refuser, s'il n'est véri-
» tablement animé d'une arrière-pensée. Malgré la renon-
» ciation qui est maintenant connue, l'animation des
» esprits est telle que nous ne savons pas si nous parvien-
» drons à la dominer. Faites de ce télégramme une para-
» phrase que vous pourrez communiquer au roi. »

C'est ce qu'on a appelé la demande de garantie, dit
M. Emile Ollivier qui ajoute : « Cette dépêche inconsidérée
annulait la sage dépêche de 1 h. 40. Elle ne se contentait
donc plus d'une participation du roi au fait présent,
elle demandait un engagement en vue de faits probléma-
tiques de l'avenir et nous rejetait dans les hasards, dont,
sans elle, nous étions sûrs de sortir heureusement. Quelle
nécessité de se précipiter ainsi ? quel péril était à redou-
ter qu'on ne pût attendre avec patience une réponse de
Madrid et de Berlin, certaine dans quelques heures, et
qui nous eût apporté des satisfactions suffisantes. »

Oui, cette dernière dépêche, inconsidérée, annulait
évidemment la première, on ne se contentait plus d'une
participation du roi au fait présent, et on lui demandait
un engagement en vue de faits à venir !

Mais de quelles « délibérations consciencieuses » émanait donc cette volte-face ? — « Qui prit part à ces délibérations ? écrit M. Emile Ollivier : Grammont ne le dit pas.
Je sais seulement ceux qui n'y furent pas appelés. N'y
furent pas appelés : le ministre de la Guerre, qui, rassuré,
avait arrêté ses préparatifs et dont cependant la responsabilité pouvait devenir si lourde ; le garde des Sceaux

qui supportait presque seul le fardeau pe la discussion publique devant les Chambres ; le ministre de l'Intérieur, plus particulièrement informé des mouvements de l'esprit public, le ministre des Finance, attentifs aux perturbations du crédit de l'Etat ; en un mot, en dehors du ministre des Affaires étrangères, aucun des membres du Cabinet ! »

C'est trop fort ! mais Emile Ollivier continue :

Etre demeuré d'accord avec l'Empereur, à trois heures, qu'aucune détermination ne serait prise avant le lende, main au Conseil, et apprendre après onze heures du soir, par hasard, qu'une détermination grave a été adoptée-mise à exécution sans qu'on ait été ni consulté, ni prévenu ; où l'on arrivait pour une conversation dénouée se trouver en présence d'un fait accompli d'une importance majeure, il y avait de quoi justifier une explosion de rudes paroles.

Cependant je donnai mon sentiment. Cette lettre de l'Empereur, la première traçant une ligne de conduite au ministère qui ne me fut pas adressée, me faisait apparaître la demande de garantie, non comme l'incitation d'un collègue oublieux des devoirs de la solidarité ministérielle, mais comme un acte de pouvoir personnel auquel Grammont s'était prêté par habitude de métier. Ce ne fut pas à lui, ce fut à l'Empereur que je me réservai d'adresser ma plainte. A l'heure actuelle que faire ? Je n'avais pas le pouvoir d'exiger de Grammont qu'il reprît son télégramme de sept heures envoyé en vertu d'un premier ordre, pas davantage celui de lui interdire d'exécuter le second ordre qu'il venait de recevoir. Tout au plus aurais-je pu le prier de se rendre avec moi auprès de l'Empereur afin de l'amener à rétracter ses injonctions. Si nous eussions été en plein jour, je n'y aurais pas manqué. Mais à minuit je n'y pouvais songer. Aurais-je réussi à aborder l'Empereur, l'aurais-je amené à révoquer ses instructions et de n'y point persister, ces démarches auraient employé une partie de la nuit et un contre-ordre ne serait parvenn à Benedetti qu'après qu'il aurait exécuté l'ordre. Le fait, irrévocablement, était accompli ; je n'avais l'option qu'entre deux partis : ou protester par une démission ou m'ingénier à annuler les conséquences de ce fait que je ne pouvais plus empêcher.

Ainsi, dans une question si grave l'ingérence du pouvoir personnel et le manque de solidarité ministérielle prouvaient à Emile Ollivier la fragilité de ses conceptions politiques ; mais s'il s'en fit l'aveu secret, il risqua la dangereuse capitulation de conscience d'accepter des atténuations douteuses, en prenant sa part de responsabilité d'un acte qu'il déplorait.

A la suite de sa démission, écrit-il, « un ministère de guerre, tout préparé dans la coulisse, l'aurait remplacé et aurait répondu au refus du roi par de hautaines instances dont la guerre serait inévitablement sortie. »

Peut-être.

En effet, Napoléon III pouvait se ressaisir sur ce coup, et ne pas accepter la démission, tandis que les avis sages pouvaient être écoutés à la Chambre, surtout en tenant compte de la consultation des préfets qui signalaient l'esprit pacifique des départements, moins une quinzaine à peine.

Et puis, M. Emile Ollivier n'était pas seul ministre, avec M. le duc de Grammont ; il avait autour de lui (sans parler de ses amis intimes M. Chevandier de Valdrome qu'il avait mis en son sous-ordre à l'Intérieur, et Maurice Richard aux Beaux-Arts) des hommes comme M. de Parieu, président du Conseil d'Etat, éminent économiste, éminent jurisconsulte, dont nous utiliserons les *Considérations sur la fin de l'Empire*, et puis des collègues sûrs, d'esprit froid et indépendant, tels que MM. Plichon (des Travaux publics), Segris (des Finances), Mège (de l'Instruction publique), Louvet (de l'Agriculture), puis les techniciens des armes, Le Bœuf (de la Guerre), Rigault de Genouilly (de la Marine), et le maréchal Vaillant (de la maison de l'Empereur !)

Voyons ! voyons ! que pensaient ces Messieurs ? que disaient-ils ? que n'auraient-ils pas fait sur une mise en demeure, énergique, pressante, de leur chef ?

M. Benedetti a écrit qu'il avait trouvé que « les garanties réclamées par la dernière dépêche n'étaient pas indispensables » ; et il aurait pù s'inspirer de cette opinion personnelle pour ne pas aller auprès du roi aussi loin que son chef hiérarchique le lui disait ; mais, pour cela, il aurait fallu qu'il se trouvât en lui un diplomate de haute envergure et supérieur à un fonctionnaire obéissant.

En attendant des nouvelles, Robert Mittchel ignorant cette imprudence, incertaine comme la nuit qui la portait prouvait, par une note du *Constitutionnel,* qu'il avait autant de bon sens que ses amis et camarades de la presse lui connaissaient d'esprit : « La candidature d'un prince allemand au trône d'Espagne est écartée, et la paix de l'Europe ne sera pas troublée. Les ministres de l'Empereur ont parlé haut et ferme, comme il convient quand on a l'honneur de gouverner un grand pays. Ils ont été écoutés ; on a donné satisfaction à leur juste demande. Nous sommes satisfaits. Le prince Léopold de Hohenzollern avait accepté la couronne d'Espagne. La France a déclaré qu'elle s'opposerait à une combinaison politique ou à un arrangement de famille qu'elle jugeait menaçante pour ses intérêts, et la candidature est retirée. Le prince Hohenzollern ne règnera pas en Espagne. Nous n'en demandions pas davantage. C'est avec orgueil que nous accueillons cette solution pacifique : une grande victoire qui ne coûte pas une larme, pas une goutte de sang. »

Que M. Emile Ollivier qui inspirait notre ami Mittchel, ait lu cet article au Conseil des ministres qui s'ouvrit à neuf heures du matin, nous ne le savons point, pas plus que s'il protesta, au moins, avec la dernière énergie contre les fameuses « délibérations consciencieuses » qui avaient, la veille, tout bouleversé, de 1 h. 40 à 7 heures du soir, sans son concours et celui de ses collègues : c'est une déplorable lacune du récit qui se termine par le texte de la nouvelle déclaration aux Chambres où nous soulignons l'intention de reprendre trop tard ce qui avait été lancé trop loin dans les dernières et néfastes instructions à M. Benedetti : « L'ambassadeur d'Espagne nous a annoncé officiellement, hier, la renonciation du prince de Hohenzollern à sa candidature au trône d'Espagne. Les négociations que nous poursuivons avec la Prusse *et qui n'ont jamais eu d'autre objet*, ne sont pas encore terminées. Il nous est donc impossible d'en parler et de soumettre aujourd'hui à la Chambre et au pays un exposé général de l'affaire. »

Il est inutile de rappeler l'exaltation des Chambres à cette déclaration, atermoyante, avec sa rétractation du « but » signalé à M. de Werther et imposé à M. Benedetti; mais pourquoi donc avoir laissé le temps à tous les aventuriers « de monter le coup » au monde parlementaire, jaloux et ambitieux, où sévit le « ôte-toi de là que je m'y mette » comme disent nos compatriotes corréziens.

Lorsque, pour le Corps législatif, muet, de la Constitution de 1852, le docteur Véron s'avisait de réclamer « d'ouvrir les fenêtres », Barbey d'Aurevilly, l'étonnant styliste doublé d'un critique admirable, répondit malicieusement à l'imprudent impérialiste : « L'expérience a appris qu'en France avec un tel régime (parlementaire) on peut facilement venir à bout du gouvernement le plus fort. »

Les Parlementaires qui empêchèrent la réorganisation de l'armée et s'exaltèrent ensuite pour faire déclarer la guerre, ne vinrent pas seulement à bout d'un régime, mais d'un pays.

En effet, après ces premières fautes, nous en avons bien d'autres à voir !...

VI

La Machination du Trio sinistre à Ems et le prétendu " Soufflet " de Bismarck n'étaient pas un véritable " casus belli ".

Nous n'avons pas à faire le compte rendu des démarches de M. Benedetti auprès du roi Guillaume, toujours posé, maître de lui-même, irréductible par conséquent, et parfaitement renseigné sans vouloir le dire, tout en persistant à ne pas vouloir donner à l'interruption de rapports qui devenaient fatigants et désagréables, un caractère offensant, soit pour la France, soit pour l'ambassadeur.

On en était là ; mais Bismarck veillait ; il menaçait le roi de sa retraite, si Benedetti était reçu par lui à nouveau ; il comptait sur l'effet de M. de Werther faisant connaître les imprudentes « suggestions » de nos deux ministres, eussent-elles été réduites ou retirées : alors, l'heure vint du guet-apens qui ne réussit que trop !

Ici, M. Emile Ollivier est à citer intégralement :

Roon et Moltke étaient à Berlin, Roon y était accouru le 10. Moltke y arriva le 13. Ce jour-là Bismark les avait invités à dîner pour qu'ils reçussent avec lui les nouvelles décisives. La première vint de Paris ; c'était le compte rendu de la séance dans laquelle Grammont avait lu notre déclaration du 13. L'interpellation avait été terminée à 2 h. 1/2, et aussitôt l'ambassade prussienne et les agences diverses en avaient expédié de tous les côtés le compte rendu : Comme il était court et clair, il n'y avait pas eu de temps perdu à chiffrer et à déchiffrer, et il était arrivé très tôt partout dans l'après-midi. Bismarck, avec sa rapide conception, en comprit la portée : Nous ne soulèverions aucune question nouvelle ; par conséquent, pas de récriminations sur le mépris du traité de Prague, pas de réserves contre l'unité allemande, rien en un mot de nature à éveiller la susceptibilité nationale ; notre phrase molle sur la négociation en cours, comparée à la vigueur de notre ultimatum du 6 juillet, donnait la certitude que nous étions prêts à nous arranger et à ne pas persister dans la seule de nos demandes de nature à déchaîner le conflit, les garanties pour l'avenir. C'était donc la paix. La guerre, dont il avait besoin, lui échappait une seconde fois. Sa colère devint un accablement morne. C'est ainsi que Moltke et Roon le trouvèrent. Il leur confirma ses dispositions de retraite ; il lui paraissait évident que le roi s'était laissé enguirlander ; la renonciation Hohenzollern allait probablement devenir un fait consacré par Sa Majesté ; il ne pouvait prendre son parti d'un tel recul ; Roon et Moltke combattant sa résolution. « Votre position, leur répondit-il, n'est pas semblable à la mienne ; ministres spéciaux, vous n'avez pas la responsabilité de ce qui va se passer, mais moi, ministre des Affaires étrangères, je ne puis assumer la responsabilité d'une paix sans honneur. L'auréole que la Prusse a conquise en 1866 va tomber de son front si l'on peut répandre parmi le peuple l'idée « qu'elle casse »

On se mit à table tristement. A 6 h. 1/2 arrivait la dépêche d'Abeken. Bismark lut cette dépêche pâteuse qui, certes, n'était pas sans venin, mais qui ne mettait aucune impertinence en relief, et, laissant entr'ouverte la porte de la négociation, n'acculait pas la France à la nécessité de la guerre. Les deux généraux, à cette lecture, furent atterrés au point d'oublier de manger. Bismarck lut et relut le document, puis, se retournant vers de Moltke : « Avons-nous intérêt à retarder le conflit ? — Nous avons tout avantage à le précipiter, répondit de Moltke. Quand même tout d'abord nous ne serions pas assez forts pour protéger la rive gauche du Rhin, notre rapidité à entrer en campagne serait bien vite supérieure à celle de la France. » Bismarck alors se lève, se place devant une petite table et arrange ainsi le télégramme d'Abeken : « Quand la nouvelle de la renonciation du prince héréditaire de Hohenzollern fut communiquée par le gouvernement espagnol au gouvernement français, l'ambassadeur français demanda à Sa Majesté le roi, à Ems, de l'autoriser à télégraphier à Paris que Sa Majesté s'engagerait pour le temps à venir à ne jamais plus donner son consentement, si les Hohenzollern revenaient à leur candidature. Là-dessus Sa Majesté refusa de recevoir de nouveau l'ambassadeur français et envoya l'aide de camp de service lui dire que Sa Majesté n'avait plus rien à lui communiquer. »

Ce texte est la falsification d'un texte qui lui-même était déjà falsifié. La falsification d'Abeken, quelque grave qu'elle ait été, conservait encore quelque pudeur ; elle laissait entrevoir qu'entre la demande de Benédetti et le refus du Roi il y avait eu un échange de pourparlers ; Bismarck en supprime toute trace : il fait disparaître l'argumentation du Roi avec Benedetti à la promenade des Sources, l'assurance faite à l'ambassadeur d'une lettre des Hohenzollern, l'envoi de l'adjudant pour informer de l'arrivée de cette lettre. Il ne reste qu'une demande et un refus brutal, sans transition, sans explication, sans discussion. La dépêche embrouillée et pâteuse d'Abeken devient âpre, stridente, coupante, arrogante et, selon l'expression heureuse de Nigra, d'un rude laconisme. L'obus envoyé d'Ems n'avait qu'une mèche destinée à éclater sans effet, en fumée ; Bismarck l'arme d'une mèche excellente qui la fera éclater en tonnerre dès qu'il aura touché le sol.

La manipulation de Bismarck se fût-elle réduite à ces suppressions et à cette concentration provocante de la forme, l'accusation d'avoir falsifié le texte d'Abeken serait pleinement justifiée. Il a fait plus dans la dépêche d'Abeken, il était bien question du refus d'audience à Benedetti, mais il n'était pas mis en vedette, il était présenté accessoirement comme la conséquence d'une discussion épuisée ; Bismarck la jette en avant comme étant l'essentiel, ou, pour mieux dire, toute la dépêche : l'ambassadeur n'est pas reçu, non parce que lui ayant tout dit, il ne reste plus rien à lui dire, mais parce qu'on n'a pas voulu lui dire quoi que ce soit. Ce texte de Bismarck ne mentait pas en affirmant que le roi avait refusé de recevoir Benedetti ; il interprétait mensongèrement un fait vrai et transformait un acte naturel en préméditation offensante. Enfin il réalisait une troisième aggravation plus perverse que les précédentes. Dans la dépêche d'Abeken, le roi avait autorisé, sans le prescrire, à rendre public. — Quoi? Pesez bien les termes : la nouvelle réclamation de Benedetti et le refus qui y avait répondu ; il n'avait nullement autorisé à rendre public le refus de recevoir l'ambassadeur, c'est-à-dire de faire savoir au monde qu'il avait fermé sa porte au représentant d'un de ses frères en royauté. Bismarck, lui, va au-delà, et c'est surtout ce qu'il ne lui était pas permis de révéler qu'il met en lumière, de telle sorte que le télégramme se résume en un mot : « Le roi de Prusse a refusé de recevoir l'ambassadeur de France. »

Le télégramme ainsi arrangé, sa publicité décidée, il

s'agissait de le lancer de façon qu'il produisît son effet foudroyant. Bismarck explique à ses convives comment il va procéder : « Le succès dépend surtout des impressions que l'origine de la guerre provoquera chez nous et chez les autres. *Il est essentiel que nous soyons les attaqués ;* la présomption et la susceptibilité gauloises nous donneront ce rôle *si nous annonçons publiquement à l'Europe, autant que possible sans l'intermédiaire du Reischtag, que nous acceptons sans craintes les insultes publiques de la France.* » Pourquoi attacher tant d'importance à ce que ce refus fût notifié, *non dans une discussion du Reischtag,* mais *dans une communication exceptionnelle faite à l'Europe ?* Parce que la publicité obligée qui résulte des explications inévitables d'un ministre à la tribune n'a pas le caractère provocateur de la publicité volontaire résultant d'une communication insolite.

Il ne suffit pas au chancelier de nous souffleter, il veut que ce soufflet ait un tel retentissement qu'il ne nous soit plus permis de ne pas le rendre. « Si maintenant, dit-il, usant de la permission que me donne Sa Majesté, je l'envoie aux journaux, et si en outre *je le télégraphie à toutes nos ambassades,* il sera connu à Paris avant minuit ; non seulement par ce qu'il dit, *mais aussi par la façon dont il aura été répandu, il produira là-bas, sur le taureau gaulois, l'effet du drapeau rouge.* Il faut nous battre si nous ne voulons pas avoir l'air d'avoir été battus sans qu'il y ait eu seulement combat. »

Ces explications dissipent la morosité des deux généraux et leur prêtent une gaieté qui surprend même Bismarck. Ils se remettent à boire et à manger. Roon dit : « Le Dieu des anciens jours vit encore et il ne nous laissera pas succomber honteusement. » Moltke s'écrie : « Tout à l'heure j'avais cru entendre battre la chamade, maintenant c'est une fanfare. » Regardant gaiement le plafond et frappant sa poitrine de sa main : « S'il m'est donné de vivre assez pour conduire nos armées dans une pareille guerre, que le diable emporte cette vieille carcasse. »

Le jugement que les deux généraux portèrent sur la signification, l'intention et l'effet de la dépêche falsifiée a été depuis confirmé par tout ce qu'il y a d'honnête et de sérieux parmi les Allemands.

En vérité, cette scène est épouvantable, c'est bien une provocation, c'est bien un soufflet : oui ! mais de qui ?

De l'Allemagne à la France ? -- Non !

Du roi Guillaume au gouvernement de l'Empereur Napoléon III. — Non plus.

C'est l'œuvre infâme de Bismarck, mais Bismarck seul jusqu'ici.

Le 13 juillet, M. Benedetti avait télégraphié : « A ma demande d'une nouvelle audience, le roi m'a fait répondre qu'il ne saurait consentir à reprendre avec moi la discussion relative aux assurances qui devraient, à notre avis, nous être données pour l'avenir. Sa Majesté me fait déclarer qu'elle s'en réfère à ce sujet aux considérations qu'elle m'a exposées ce matin. Le roi a consenti, a dit encore son envoyé au nom de Sa Majesté, à donner son approbation entière et sans réserves du désistement du prince ; il ne peut faire davantage. J'attendrai vos ordres avant de quitter Ems. M. de Bismarck ne viendra pas ici. Je remarque l'arrivée des ministres des Finances et de l'Intérieur. »

Vous avez bien lu cette dépêche officielle : « Le roi a consenti à donner son approbation entière et sans réserves au désistement du Prince; il ne peut faire davantage. » Et Emile Ollivier en convient ainsi : « Le roi Guillaume avait répondu avec une netteté qui ne laissait rien à désirer ; il nous avait communiqué sa renonciation par Benedetti en déclarant qu'il l'approuvait ; Olozaga nous notifiait une adhésion sans réserves : à moins d'être de mauvaise foi, on était obligé de convenir que cette double acceptation de la Prusse et de l'Espagne impliquait une garantie d'avenir plus que suffisante. Nous avions atteint le but que nous nous étions donné. »/

Mais une comparaison entre l'article de la *Gazette* allemande et les dépêches de notre ambassadeur lui-même suscita une discussion entre les ministres du cabinet, discussion que M. Ollivier, se contredisant subitement, traite de « pusillanime » et surtout de « niaise ! » quoiqu'il raconte à la suite qu'il s'éleva « aux considérations les plus admirables » pour faire adopter, et elle le fut, une déclaration constatant, pour le présent, que la question était suffisamment résolue par l'approbation du désistement et qu'il n'y avait pour l'avenir qu'à faire confirmer cette jurisprudence par un congrès européen.

Eh bien, non ! cela n'était ni pusillanime ni niais ! mais, dans l'atmosphère surchauffée par les commentaires belliqueux de la presse, du 14 au 15, du jeudi au vendredi, la nuit ne porta pas à la sagesse : A neuf heures du matin, nous nous révoltions contre un refus d'audience, uniquement parce qu'il serait devenu un outrage palpable par la divulgation du télégramme affiché dans les rues et adressé aux délégations et aux journaux !

Ah ! point de « pusillanimité », cette fois ! mais la « niaiserie » fut, paraît-il, unanime au Conseil des ministres, sur cette affirmation du maréchal Le Bœuf que «nous étions prêts et que nous ne serions jamais en meilleure situation pour vider notre différend avec la Prusse, que nous pouvions avoir confiance. »

La confiance ? mais de quoi était-elle faite ? du connu et de l'inconnu ?

Il était connu de Le Bœuf, le conseil du 19 mai 1870 entre lui et les généraux Lebrun, Frossard et Jarras, comme nous l'avons rapporté ! et il était inconnu de tout le monde le sort des batailles, gagnées et perdues par le hasard des circonstances, autant que par le talent des chefs et la bravoure des soldats !

Voilà donc la déclaration à faire devant les Chambres tout à fait changée ! et cependant l'ambassadeur de France à Berlin, M. Benedetti, est arrivé à Paris, on peut l'interroger : — Avez-vous été insulté ?

M. Emile Ollivier écrit lui-même cet aveu d'une nouvelle faute de solidarité ministérielle : « Avant d'entrer à la Chambre, je m'arrêtai chez Grammont, aux Affaires étrangères. J'y trouvai Benedetti, arrivé le matin. Nous l'interrogeâmes minutieusement ; il ne nous apprit rien de nouveau sur ce qui s'était passé à Ems et confirma, sans y ajouter, les détails circonstanciés de ses dépêches et de ses rapports. Sur ce qui s'était passé à Berlin, sur les machinations de Bismarck, il ne savait absolument rien. L'entendre en Conseil n'eut donc été d'aucune utilité *(sic)*. »

Inutile ? la *Gazette de l'Allemagne du Nord* suffit ! l'opinion de la presse « emballée », l'opinion de Paris agité, l'opinion des Chambres mouvementées vont donc déclarer la guerre :. Déclarer la guerre, c'est plus que faire la guerre, c'est provoquer les destins, non pas seulement les subir.

M. Thiers le comprend, et il intervient dans le débat, l'urgence votée sur la lecture belliqueuse où le ministère, après avoir raconté les péripéties des négociations, terminait, le 15, par ce coup de clairon autrement grave que celui-là même du 6 juillet : « Notre surprise a été profonde lorsque hier, nous avons appris que le roi de Prusse avait notifié, par un aide de camp, à notre ambassadeur qu'il ne le recevrait plus, et que, pour donner à ce refus un caractère non équivoque, son Gouvernement l'avait communiqué aux cabinets d'Europe (Mouvements). Nous apprenions en même temps que le baron de Werther avait reçu l'ordre de prendre un congé et que des armements s'opéraient en Prusse. Dans ces circonstances, tenter davantage pour la conciliation eut été un oubli de dignité et une imprudence. Nous n'avons rien négligé pour éviter une guerre ; nous allons nous préparer pour soutenir celle qu'on nous offre en laissant à chacun la part de responsabilité qui lui revient. » Or, l'ambassadeur de France en Prusse qui était présent à Paris et non entendu par le Conseil, ne trouvait pas « non équivoque » le refus dernier opposé à ses demandes, si répétées ; l'ambassadeur de Prusse en France prenait sans doute un congé, mais il n'était pas « rappelé », ce qui eut été autrement grave ; enfin, depuis, il a été reconnu que la Prusse n'avait pas commencé ses armements !

Eh bien ! quel nouveau vent de folie soufflait donc sur l'assemblée qui couvrait la voix de Thiers : « On ne peut pas exagérer la gravité des circonstances. Sachez que de la décision que vous allez émettre, peut résulter la mort de milliers d'hommes... La demande principale qu'on adressait à la Prusse, celle qui devait être la principale et que le ministère nous assure être la seule, cette demande a reçu une réponse favorable... Est-il vrai que vous rompez sur une question de susceptibilité, très honorable, je le veux bien, mais vous rompez sur une question de susceptibilité... Je demande donc, à la face du pays, qu'on nous donne connaissance des dépêches d'après lesquelles on a pris la résolution qui vient de nous être annoncée, car, il ne faut pas nous le dissimuler, c'est une déclaration de guerre. »

Et il ajoutait encore ceci : « Plus que personne, je désire la réparation des événements de 1866 ; mais je trouve l'occasion détestablement choisie. »

Ces derniers mots sont à retenir, surtout ! car personne plus que M. Thiers n'avait excité à la « réparation » de 1866 ; mais l' « occasion », non ! on ne la trouvait point puisqu'il n'y avait pas insulte officielle, puisqu'on n'avait pas d'alliances, puisqu'on n'était pas prêt !

Là-dessus, le lyrisme l'emporta sur le sens vulgaire ! et, depuis, M. Emile Ollivier n'a rien « effacé » de sa déclarations, il en a même fait l'épigraphe de son livre, aussi jaloux de la « correction littéraire », qui nous importe peu, que de la « rectitude morale » que nous retenons, seule.

Hélas ! pour « alléger » ce cœur patriote, ces raisons du ministre en chef de 1870 paraissent aujourd'hui un peu lourdes : « L'aide de camp qui a annoncé à M. Benedetti le refus d'audience du roi n'a manqué à aucune des formes de la courtoisie... de telle sorte que notre ambassadeur n'a pas d'abord soupçonné la signification qu'on attacherait à un refus, qui, notifié de certaine manière, eut pu être désagréable, sans devenir offensant... L'offense résulte d'une publication intentionnelle. »

Intentionnelle ? mais de qui ? non du Roi, puisque le

« soufflet de Bismarck » était une falsification de la dépêche à lui adressée par le bureau royal, communiquée de
la sorte falsifiée par lui à la presse, ainsi qu'aux ambassades et légations où elle fut seulement « lue », « non lais-
sée en copie » — Nous le répétons intentionnellement.

C'est là-dessus que la Chambre nomme une commission pour, après avoir pris communication des pièces
diplomatiques et tous les renseignements nécessaires,
examiner les propositions du Gouvernement ; cependant,
la déclaration ministérielle ayant constaté qu'il n'y ŗavait
rien de rompu avant la communication prussienne « lue »
aux légations, il n'y avait pas en réalité de pièce diplomatique déterminant officiellement la guerre sur ce fait-là.

M. le marquis de Talhoüet, président de la commission,
put donc dire, avec ses collègues, le duc d'Albuféra et
M. de Kératry lui-même : « Nous avons lu les dépêches
de quatre ou cinq de nos représentants dans les différentes
cours d'Europe qui reproduisent ce document presque
exactement dans les mêmes termes ; » mais ce document
n'avait été que « lu », répétons-le, et il n'avait été « lu » que
comme un extrait de journal : Ne put-on supposer alors
l'abominable manœuvre de Bismarck pour exciter le
taureau gaulois ?

Aussi, c'est l'un des coupables de notre fureur nationale
qui a fait cet aveu, le député et journaliste Ernest
Dréolle, à la Commission d'Enquête parlementaire : « Je
dois à la vérité de dire que les documents pris en eux-
mêmes n'étaient pas suffisants pour donner une conviction à un homme qui aurait été en dehors du mouvement
qui régnait, en dehors de l'agitation politique dans laquelle nous vivions en ce moment-là, et qu'il n'y avait
pas là de quoi justifier une déclaration de guerre. J'ai
suivi le courant avec regret, mais je l'ai suivi. » — Nous
avons lu M. le Baron Lafond de Saint-Mûr parlant ici de
même.

Et pourquoi ? — Parce que la rancune de 1866 excitait

d'autant plus tout le monde parlementaire que la confiance dans la victoire française était commune à tous les partis.

— Le maréchal Le Bœuf, nous le rappelions tout à l'heure, avait réitéré à la Commission ses assurances optimistes sur l'armée ; et le duc de Grammont, allant encore plus loin, avait fait entrevoir de sûres alliances avec une témérité sans égale : « Si j'ai fait attendre la Commission, dit-il, c'est que j'avais chez moi, au ministère des Affaires étrangères, l'ambassadeur d'Autriche et le ministre d'Italie. J'espère que la Commission ne m'en demandera pas davantage. » Or, c'est bien le tort qu'elle eut, cette Commission !

Ainsi, le maréchal Le Bœuf avait trompé ses collègues et la Chambre des députés sur l'état et les forces de l'armée !

Ainsi, le marquis de Grammont n'avait pas renseigné ses collègues et avait trompé la Chambre des députés sur l'entrevue avec les représentants des puissances, simplement amies !

Et dès lors, la susceptibilité de la Commission et du Parlement tout entier s'était élevée jusqu'aux responsabilités terribles de faire cesser les négociations et de proposer le vote des crédits de guerre !...

VII

Portrait de Bismarck et Tableau de la guerre
La faute de la déclaration par la France

Les crédits, c'est-à-dire la guerre ! furent votés par 245 députés, au nombre desquels et à gauche Barthélémy Saint-Hilaire, Bethmont, Carré-Késisouet, Dorian, Jules Ferry, Gambetta, Guyot-Montpeyroux, Javal, de Jouvencel, Keller, de Kératry, Larrieu, Lecesne, Magnin, Malézieux, Ernest Picard, Rampont, Riondel, Jules Simon, Steenakers, Wilson ;   contre six : MM. Emmanuel Arago, Desseaux, Esquiros, Glais-Bizoin, Grévy, Ordinaire ; M. Thiers s'abstint avec Crémieux, Girault et Raspail.

Emile Ollivier a raison de dire, après Napoléon III, que la responsabilité doit se répartir entre l'Empereur, les Ministres et le Parlement ; mais il a tort d'affirmer que c'est en « portions égales », car, et c'est l'objet même de ce travail-ci, il importe de faire l'examen des fautes commises, imprudences des uns, incapacités des autres — en attendant de dire davantage et de crier aux crimes, après les défaites, les capitulations et la trahison suprême.

L'état d'esprit de l'époque fut, du reste, traduit de la façon la plus déplorable par le discours que tint à l'Empereur le président du Sénat, après le vote unanime de cette assemblée : M. Rouher revendiquait le refus de garanties comme cause de la guerre, n'y parlait même pas de la manœuvre d'Ems, et il faisait l'aveu d'une attente préméditée de quatre ans ! Vis-à-vis de l'étranger, l'effet de cette bravade fut véritablement préjudiciable à la France, comme il est préjudiciable à son auteur devant l'Histoire, et Dieu sait si nos ennemis profitèrent de cette « gaffe » pour employer l'argot du jour !

Mais M. Rouher et les mamelucks de la réaction impérialiste n'étaient pas seuls, il faut en convenir, à croire indubitablement à « l'invincibilité de l'armée française. » Jules Simon, le prince de Joinville, Changarnier, Trochu, même Thiers et Gambetta (leurs contradictions postérieures ont été relevées) n'avaient ni hésitations ni doutes dans le triomphe militaire de la France.

Et, alors, sans angoisse aucune sur le résultat prochain, la guerre fut officiellement déclarée, par un libellé « assez maladroit des commis des Affaires étrangères ; elle ne fut pas même lue au Conseil des ministres ; et, communiquée uniquement pour la forme et sans discussion aux assemblées, elle fut envoyée à la Prusse le 19 juillet. »

Ainsi, on laissait l'Allemagne exciter sa fibre nationale sous la provocation matérielle et les défis moraux d'une presse écervelée.

Ce fut le *furor teutonicus* contre le *furor gallicus*, même au-delà du Mein !

La terre allait s'engraisser de cadavres, et les fleuves rouler des flots de sang !

Pouvait-on l'éviter ?....

A ce point, un très beau portrait de Bismarck par un de ses compatriotes, Johannes Scherr, que nous avons déjà appelé en témoignage, est à reproduire, en pied :

Après avoir produit tant de géants de la pensée, l'Allemagne devait produire un héros du fait. Nous avions eu, à l'époque de la Réforme et depuis lors, assez d'idéalistes, mais pas un seul homme politique. Il nous manquait le génie pratique, le génie sans scrupules. Oui, véritablement, celui-là ! Car les hommes réfléchis et expérimentés doivent laisser, là où il mérite d'être, c'est-à-dire dans l'abécédaire des enfants, le lieu commun usé qui dit que « la politique la plus honnête est la meilleure ». Il n'y a jamais eu de politique honnête, et il ne saurait y en avoir.

L'homme d'Etat créateur doit accomplir son œuvre, sans s'inquiéter de savoir si ses adversaires la trouvent malhonnête, si elle est désagréable ou nuisible pour eux. Ce ne sont pas les considérations éthérées d'une idéalité subjective, mais bien des réalités, des intérêts archiprosaïques, ainsi que des passions communes et élevées qui déterminent de concert la science d'Etat.

Et M. Emile Ollivier n'hésite pas à compléter l'œuvre de l'écrivain allemand :

C'est ainsi que Bismarck eût aimé d'être loué ; c'est ainsi qu'il faut parler de cet homme extraordinaire, le plus rusé des renards, le plus audacieux des lions, qui sut capter et épouvanter, faire de la vérité même un moyen de mensonge, auquel la reconnaissance, l'oubli des injures, le respect des vaincus furent inconnus ainsi que tous les autres sentiments généreux, sauf celui du dévouement à l'ambition de sa patrie ; qui trouva légitime tout ce qui contribue au succès et qui, par son dédain des importunités de la morale, a ébloui l'imagination des hommes. Après l'affaire des duchés, notre ambassadeur, Talleyrand, cherchait des détours pour manifester une certaine désapprobation : « Ne vous gênez donc pas, dit Bismarck, il n'y a que mon roi qui croit que j'ai été honnête. »
Esthétiquement il me plaît ainsi. Tant qu'il nie l'évidence, joue le vertueux, l'inconscient, s'ingénie en tartuferie, il se rapetisse au point de se rendre méprisable. Dès qu'il se redresse et se vante de ses fourberies audacieuses, qui ont placé au premier rang des nations son Allemagne, jusque là divisée et impuissante, il est grand comme un Satan beau à contempler. Bismarck manigançant dans l'ombre la candidature Hohenzollern, sans se douter que la guerre en sortira fatalement, serait un sot à bafouer ; Bismarck organisant cette trame parce que c'est le seul moyen de faire éclater la guerre, dont il a besoin pour créer l'unité de sa patrie, est un puissant homme d'Etat, d'une grandeur sinistre, mais d'une grandeur imposante. Il ne se sera point par là ouvert les portes d'un paradis quelconque ; il aura conquis à jamais une des places les plus élevées dans le Panthéon des apothéoses terrestres.
Lui-même ne tarda pas à comprendre combien était ridicule, puéril, peu digne de lui le rôle d'hypocrite que lui prêtaient ses panégyristes et auquel il parut d'abord se prêter. Peu à peu, il rejeta toutes ses apparences et finit par crier : *Ego nominor leo.* Un correspondant anglais qui suivit l'armée prussienne, l'aborde en lui disant : « Vous devez être bien indigné contre ces Français qui vous

obligent à cette guerre. — Indigné ? riposte-t-il, mais c'est moi qui les ai forcés à se battre. La guerre était inévitable : j'ai choisi mon heure.» Plus tard, il autorisa Busch à divulguer le mystère du télégramme provocateur.

Puis, après le portrait de l'homme, vient un très beau tableau de la chose, la guerre ! Lisez-le, gravement :

De Maistre croit la guerre divine, Proudhon dit qu'elle est « l'expression la plus incorruptible de notre conscience, l'acte qui, en définitive, et malgré l'influence impure qui s'y mêle, nous honore le plus devant la création et devant l'Éternel. » De toutes les fatalités contre lesquelles se débat la gémissante humanité, la guerre n'est pas la plus redoutable, et ses maux ne sont pas sans d'amples compensations. Comme les pionniers qui introduisent la lumière et l'air dans les forêts vierges à coups de hache, les grands capitaines, héros privilégiés de l'histoire, ouvrent par les armes le chemin de la civilisation, disciplinant les peuples inférieurs, balayant les peuples pourris. Où la guerre n'est pas redoutée, se forme dans les âmes une virilité, une hardiesse, un souffle fécondateur des inspirations sublimes ; le génie éclate au bruit des armes plus qu'à celui des fuseaux, des rouets ou des machines. Des hommes habitués à placer au-dessus de toutes leurs pensées l'idée du sacrifice, de l'holocauste volontaire, surpassent, même pour les arts, le commerce, l'industrie, ceux qui s'absorbent dans les abjections plantureuses par les rateliers. Le repos engendre la couardise. Les sentiments généreux naissent du péril affronté, quand on n'a jamais à défendre la patrie, les idées d'honneur s'abâtardissent ; une nation dégénère en une ignoble race, incapable de la générosité, de la résistance et de l'énergie du sacrifice. « Mieux vaut oser de puissantes choses, remporter de glorieux triomphes, fussent-ils coupés d'échecs, que de prendre rang avec ces pauvres esprits qui ne jouissent ni ne souffrent beaucoup parce qu'ils vivent dans le gris crépuscule qui ne connaît ni la victoire, ni la défaite. » Tout peuple qui, dépourvu de la notion du sacrifice, ne préfère pas la gloire de bien mourir à la honte de mal vivre, est condamné à être asservi. On doit considérer comme déjà morte une nation au-dessus de laquelle surnage la lie sordide qui crie comme l'Athénien d'Aristophane : « Buvons à outrance et faisons joyeuse vie ; rien n'est plus aimable que le ventre ; le ventre, c'est ton père et ta mère. Vertus, ambassades, commandements, vaine gloire et vain bruit du pays des songes. » De même la grandeur est refusée à tout homme d'Etat qui ne met pas la guerre au nombre de ces moyens diplomatiques et qui, aux larmoyeurs, ne sait pas fièrement riposter : « Oui, j'aime la paix, mais je déteste plus encore l'affront de la honte. »

La guerre est divine en ce sens qu'elle est une des lois indestructibles de l'espèce humaine. Plus loin, d'une manière ou de l'autre, on s'est toujours battu, on se battra toujours. Au physique comme au moral, selon le philosophe du Portique : *vivere est militare*, ou selon le suave stoïcien du cloître : *militia est vita hominis super terras*. Le rêve de la paix universelle est une utopie, et je ne suis pas certain qu'elle soit désirable. Les guerres civiles de la Grèce nous ont valu le siècle de Périclès ; celles de Rome et de Florence les siècles d'Auguste et de Léon X. Dante n'aurait pas écrit la *Divine Comédie* dans les mollesses épicuriennes des Médicis, ni Michel-Ange peint la chapelle Sixtine aux jours de quiétude de Benoît XIV ; Montaigne a composé son chef-d'œuvre au milieu des fureurs de la guerre civile ; le siècle de Louis XIV a été rempli de la gloire des lettres autant que par « le noble tumulte des batailles. » Bossuet et Molière sont inséparables de Turenne et de Condé, et l'incomparable explosion littéraire, artistique, historique, scientifique du XIX⁰ siècle est due aux enfants conçus pendant l'épopée grandiose de la Révolution et de l'Empire.

Vous aurez beau vous façonner aux humiliations, aux défis, aux outrages, et, lorsqu'on a souffleté une de vos joues l'essuyer et offrir l'autre ; pour éviter la mort du champ de bataille échapperez-vous aussi à celle du lit d'agonie ? Il y a à la porte de nos villes des champs de carnage, nommés des cimetières. Savez-vous, ô pauvres mères qui pâlissez à la pensée de la guerre, combien de vos enfants sont enlevés à l'Europe par la phtysie ? Un million par an, sans parler des autres maladies impitoyables dont le nom seul terrifie votre amour. Et ne croyez pas que la mort de la guerre soit la seule à préférer les beaux et les jeunes, celle de la paix ne leur est pas plus clémente. Elle aussi, combien de nous l'ont éprouvé, se plait à briser sur leurs tiges les fleurs jeunes et riantes qui sont en train de s'ouvrir !

Où fuir la mort ? N'étend-t-elle point partout et sur tous sa main féroce ? Toute vie ne se soutient que par l'immolation d'autres vies. Nous dévorons en attendant que nous soyons dévorés. Pauvres hommes, que sommes-nous, si ce n'est des feuilles éphémères aussitôt remplacées que fanées sur une branche qui voit avec indifférence les unes succéder aux autres jusqu'à ce qu'elle soit desséchée elle-même. Pourquoi ? Pourquoi ? Nous le saurons ce pourquoi, lorsque du haut de l'une de ces étoiles dont le rayon met maintenant un millier d'années à nous parvenir, nous apercevrons avec des yeux d'une pénétration accrue, au loin dans l'espace immense, comme un point à peine visible, le minuscule globe obscur, le soleil éteint dont nous avons l'infatuation de faire le centre de l'univers. Jusque là soumettons-nous aux lois contre lesquelles nous nous révolterions en vain, et puisque la guerre est une de ces lois, ne la maudissons pas. Acceptons-la comme la forme noble de la nécessité de mourir, comme celle qui conduit le plus sûrement à la renaissance ascendante du mieux. Ne cherchons pas toutefois l'enivrement de ses grandeurs : elles sont trop mêlées de calamités et de larmes ; employons au contraire toute la vigueur de notre pouvoir à en écarter le fléau, car elle est une douleur, et à toute douleur il faut opposer non seulement une compassion, mais une résistance. Seulement, quand la destinée nous l'impose comme un devoir, acceptons-la virilement, à tous risques, et ne la fuyons pas dans la lâcheté.

Oh oui ! cela est très beau, magnifiquement beau de pensées et d'expressions ; mais il faut ramener le haut vol de cette philosophie au ras de la terre, c'est-à-dire à la portée de la vérité des faits et de la sincérité des hommes.

Les mères doivent abhorrer les guerres,

Bellaque matribus
Detestata !

si « le tumulte des camps et le bruit des clairons », comme dans l'ode à Mécène, ne sont pour elles que des jeux et des vanités dans le sang ; mais ces choses-là se transforment en devenant un Devoir, et les femmes du poète sont prêtes à armer leurs fils pour les dieux et les foyers menacés, *pro aris et focis !*

Mais comment les dieux et les foyers nationaux étaient-ils mis en péril pour jeter deux peuples l'un contre l'autre ?

Bismarck a provoqué la guerre parce qu'il voulait, fut-ce par le crime, créer l'hégémonie de son pays, estimant que l'Allemagne avait besoin de faire son unité par le fer, comme nous en avons rapporté la preuve dans un de ses propos.

Or, le ministre du 2 janvier, rejetant les explications atténuantes sur sa conduite, dit froidement et fièrement que « ni l'intérêt, ni le désir de complaire à l'opinion publique ou à l'Empereur, ni la crainte de paraître un patriote médiocre, ou de se séparer de ses collègues, n'a pu peser un instant sur ses résolutions.» Nous le croyons, mais nous le déplorons pour lui : un sentiment différent aurait pu dégager la responsabilité qu'il porte solidairement avec ses collègues du 15 juillet pour les désastres et les avanies de la patrie ; et si nous le déplorons ainsi pour lui, nous le déplorons bien davantage pour la France, car il convient d'examiner à présent si une rupture au sein du Conseil, sur la protestation de son chef, ne pouvait arrêter le cours des choses et détourner les événements fatals ?

Sans doute, il n'y a là qu'un point d'interrogation, discutable, mais c'est un point qui vaut la peine d'être discuté.

Donc, M. Emile Ollivier a parlé — « affaissement de volonté », dit-il — de l'état d'esprit de Napoléon III, qui regrettait les gloires de la guerre dès que la paix prévalait, et se rejetait avec effroi vers la paix dès que la guerre s'imposait : mais si le chef de l'Etat était ainsi défaillant, peut-on croire qu'il ne fût pas sorti de son indécision par une mise en demeure énergique, par une démission très motivée, de l'homme qu'il avait impérialement appelé au gouvernement, sur un abandon réel ou apparent de son pouvoir personnel ? Et les membres du Cabinet ministériel, dont plusieurs n'étaient que des comparses, des satellites si vous voulez, auraient-ils voulu se séparer de leur chef ou le « débarquer » comme on dit actuellement à la Chambre décadente ! L'opinion publique, enfin, n'eut-elle pas subi un recul profond à la nouvelle d'une détermination aussi grave du personnage qui tenait le premier rang dans la politique nouvelle, celle de la liberté, de l'indépendance et du contrôle par le

pays et pour le pays ? — Nous avons déjà posé la question
et fait entrevoir la réponse au sujet de la néfaste dépêche
de la demande de garantie, incorrectement expédiée par
le duc de Grammont après les illégales « délibérations
consciencieuses de Saint-Cloud. »

Certes, on ne peut nier qu'il n'y eût un parti de la guerre,
car il y a toujours un parti pour l'incertain contre le certain : les vieux impérialistes espéraient qu'une campagne
heureuse permettrait à Napoléon III de retirer les libertés
constitutionnelles et de revenir au pouvoir personnel pour
assurer la succession du futur Napoléon IV ; de leur côté,
les irréconciliables de l'opposition parlementaire comp-
taient sur l'eau trouble d'une reculade ou d'une provocation, également à exploiter contre le gouvernement ; mais
faut-il croire que, même en se coalisant, de Cassagnac à
Jules Favre, les uns et les autres auraient pu former une
majorité ! Allons donc, la Chambre des députés était
issue de la candidature officielle, et jamais elle n'eut
bronché devant les Ministres de l'Empereur !

Sans doute, il y avait bien une sorte de hantise sur la
revanche de notre attitude, par trop débonnaire, de 1866 ;
mais comme on aurait attendu facilement une occasion
favorable, en acceptant un compromis quelconque, si l'on
avait eu un doute, un simple soupçon de notre infériorité
en forces militaires, et en capacités des chefs de la
guerre !

Le Parlementarisme renaissant empêcha l'Empereur de
faire la réorganisation de l'armée, telle qu'il la vit nécessaire en face de l'Allemagne en voie de s'unifier formida-
blement ; cependant, avec les mesures prises et compen-
dieusement énumérées dans un des volumes de M. Emile
Ollivier, Napoléon III, Niel et Le Bœuf affirmèrent que
nous étions prêts : ce sont ces assurances qui firent l'état
d'esprit belliqueux de nos diplomates, parlementaires et
journalistes — d'où l'opinion publique dont nous avons
montré la susceptibilité à peu près unanime.

Devant la Commission d'Enquête de 1870-1871, le duc de Grammont a, du reste, fait lui-même cette déclaration : « Je me décidai à la guerre avec une confiance absolue dans la victoire. Je croyais à la grandeur de mon pays, à sa force, à ses vertus guerrières, comme je crois à ma sainte religion.'» C'est bien une raison valable, mais ce n'est pas une excuse professionnelle de la demande de garantie qu'il fit partir après les « délibérations » de Saint-Cloud, sans doute « consciencieuses » chez leurs auteurs, mais injustifiables, condamnables, déplorables, avant le Conseil des ministres fixé au lendemain matin !

M. Emile Ollivier a confirmé les mêmes sentiments de confiance dans le ministre de la guerre et de foi dans l'Armée française, lorsqu'il nous a livré les aveux répétés et loyaux de ses quatorze volumes (1).

Alors, il nous faut bien revenir sur la responsabilité particulière des chefs militaires, l'eussions-nous déjà fait puisque le premier ministre de 1870 constate lui-même qu'il ne connut qu'en 1875, au hasard d'une lecture des mémoires inédits du général Lebrun, comment, en juin 1870, cet officier avait été chargé par Napoléon III, d'une mission auprès de François-Joseph Ier qui lui avait textuellement dit ceci : « Si je déclarais la guerre en même temps que la France, il n'est pas douteux que, exploitant de nouveau l'idée allemande, la Prusse pourrait surexciter et soulever à son profit les populations allemandes, non seulement chez elle et dans l'Allemagne du Sud, mais aussi dans l'Empire austro-hongrois, ce qui serait très fâcheux pour mon gouvernement ; mais si Napoléon III, contraint (sic) d'accepter ou de déclarer la guerre, se présentait avec ses armées dans l'Allemagne du Sud, non

---

(1) Confiance et foi. sans doute ! mais non sans la patriotique préoccupation du sort des batailles. ce qui mérite de relever les propos que les frères Margueritte prêtent inexactement à M Emile Ollivier. dans leur rapide Histoire de la Guerre de 1870 et 1871 : « Messieurs. ce sera une promenade militaire ! » M. Emile Ollivier nous a écrit. en effet. « J'avais une confiance dans le succès de nos armes. mais jamais je n'ai dit que la guerre serait une promenade militaire à Berlin. et ni l'Empereur. ni Le Bœuf ne l'ont dit plus que moi. Cette ineptie ne s'est trouvée que dans la bouche d'Emile de Girardin, un des plus fougueux partisans de la guerre. »

en ennemi, mais en libérateur, je serais forcé de déclarer
que je fais cause commune avec lui ; aux yeux de mes
peuples, je ne saurais faire autrement que d'unir mon
armée à l'armée française. »

Certes, il est véritablement incroyable que de telles
conditions d'alliance n'aient pas été connues de notre
ministre des Affaires étrangères, pas plus que du président ou chef officiel du Cabinet en juillet 1870, car ils
n'auraient pas eu besoin de consulter l'Académie pour
savoir que l'imprudente demande de garantie ne pouvait
être visée comme la « contrainte » de guerre, formulée par
François-Joseph.

Au cours de nos publications de ces articles dans le
Corrézien, nous nous étions étonnés de n'avoir pas lu dans
le XIVe volume de l'*Empire libéral* de M. Emile Ollivier,
paru postérieurement à l'*Histoire du Second Empire*, de
M. Pierre de la Gorse, une même allusion à ce récit met-
tant véritablement en accusation criminelle plusieurs
personnages à la fois :

L'Empereur n'oubliait pas ses récents entretiens avec
l'archiduc Albert. Il lui tardait de reprendre les négociations à peine amorcées. Le 19 mai, il rassembla en une
sorte de conciliabule le maréchal Le Bœuf, le général
Frossard, le général Lebrun : le maréchal Le Bœuf se fit
en outre accompagner par le général Jarras, directeur du
dépôt de la Guerre, qui devait se munir des cartes nécessaires. La conférence, rapportée plus tard par l'un des
assistants, offre un exemple curieux des projets gran-
dioses que, même après tant de désillusions, l'Empereur
s'obstinait à caresser. Napoléon développa le plan qui lui
avait été, disait-il, soumis par l'archiduc. Dans l'éventua-
lité d'une guerre avec la Prusse, une armée française
retiendrait l'ennemi sur les bords de la Sarre, tandis
qu'une autre armée, pénétrant en Allemagne et la traversant toute entière, ferait sa jonction en Bavière avec les
Autrichiens. Dans le même temps, une armée italienne
(car l'Italie serait en tiers dans l'action commune de l'Autriche et de la France) déboucherait en Bavière par le
Tyrol. Pour compléter l'attaque, une flotte française (car
rien n'était oublié) entrerait dans la mer du Nord. On ne
mettait d'ailleurs en doute, ni que les Etats du Sud ne se
soulevassent contre la Prusse, ni que le Hanovre ne saisît

l'occasion de secouer son indépendance, ni que le Danemarck, surexcité par l'approche de notre escadre, ne brû-
lât du désir d'effacer ses précédentes défaites. Ainsi
assailli de tous côtés, l'ennemi serait promptement réduit
à composition. Quand l'Empereur se fut tu, un certain
embarras prolongea le silence. Que resterait-il du projet
quand on en aurait éliminé ce qui était rêve ou illusion?
Bientôt les objections se formulèrent. Le plan, superbe à
coup sûr, exigerait, pour réussir, deux choses : une extrême lenteur de la part de la Prusse : une extrême célérité
de la part de l'Autriche et de l'Italie. A consulter l'expérience du temps passé et toutes les informations du temps
présent, ne serait-ce pas à Berlin qu'on irait vite ; à
Vienne qu'on procéderait lentement? L'empressement,
déjà un peu refroidi, se changea en vraie déception quand
Napoléon ajouta que l'Autriche demandait, à partir des
hostilités, un délai de six semaines pour entrer elle-même
en campagne. A cette condition que l'on pressentait, mais
que l'on eût voulu révoquer en doute, les critiques redou-
blèrent. Cette stipulation de délais paraît même dissimuler chez notre prétendue alliée l'arrière pensée de s'attacher à nos victoires, de se dérober à notre mauvaise
fortune. L'Empereur, toujours confiant, repoussa ce ma-
chiavélisme comme indigne de l'Autriche, comme indigne
surtout de l'archiduc Albert. Cependant une question
se posait, celle de savoir si on pouvait, sans alliés et à
découvert, supporter pendant six semaines le choc de
l'ennemi. Deux des membres du Conseil, le maréchal Le
Bœuf et le général Frossard, avaient à cœur de ne point
abandonner un plan qui avait été débattu avec l'Autriche
et que le souverain patronnait. On se mit à étudier les
cartes, le compas à la main, et on rechercha par quelles
combinaisons dilatoires on laisserait à nos alliés le temps
d'entrer en ligne. Tous les efforts furent vains, et la conclusion (dont on aurait dû se souvenir deux mois plus
tard) fut que *l'armée française était insuffisante pour
lutter à elle seule, pendant six semaines, contre toute la
confédération de l'Allemagne du Nord, et sur cette
constatation, Jarras replia mélancoliquement ses cartes,
et les autres membres du Conseil, devenus fort soucieux,
se séparèrent en silence.* »

Or, sur la communication de cette page et la manifestation de notre désir de fixer impartialement ce point,
l'éminent historien de l'*Empire libéral* voulut bien nous
honorer de cette lettre qui confirme ainsi notre opinion
personnelle sur le suffisant et insuffisant général de Metz

l'auteur du récit adopté et adapté par le candidat acadé-
micien : « ... Quant à la conférence du 19 mai 1870, j'en ai
dit, en résumé, dans le T. XIII de l'*Empire libéral*, p. 593
tout ce que m'en a raconté depuis le maréchal Le Bœuf.
Le récit de M. de La Gorse est emprunté aux *Souvenirs* du général Jarras, p. 42 et suiv., mais Jarras non
seulement était un esprit faux mais un homme à la véra-
cité duquel, quoiqu'il fut honnête, il était impossible de se
fier. Il n'a pas inventé, mais, il a grossi, exagéré, pour se
donner comme tant d'autres, *après*, l'air d'un prophète. Il
a pu faire des objections contre le plan de l'archiduc
Albert mais la discussion purement académique comme je
le dis, n'a pas pris le caractère qu'il lui attribue et son
seul résultat a été de donner carte blanche à Lebrun pour
obtenir de l'Autriche que, dans le cas d'une guerre à laquelle nous ne pensions pas mais qui pourrait nous sur-
prendre comme cela est arrivé, elle mit ses armées en
mouvement le même jour que nous. Et cela même ne nous
eût pas été nécessaire, pour nous être utile il eût suffit
qu'elle mobilisat en même temps que nous et qu'elle en-
voyat des troupes sur la frontière de la Silésie. Vous trou-
verez un autre récit de cette conférence dans les *Souvenirs*
de Lebrun, p. 71 etc., qui relate la conclusion que je vous
indique sans l'accompagner du ton médiolomatique de
Jarras, encore exagérée par La Gorse. Je ne suis pas
entré dans des détails sur cette conférence parce qu'ils
m'ont paru complètement inutiles ».

Sans discuter cette réponse, nous pourrions peut-être
faire une simple observation : Napoléon III, le maréchal
Le Bœuf et le général Lebrun ont pu croire, de mai à
juillet, qu'en devançant l'Allemagne, qu'en prenant une
offensive, impétueuse, sur le terrain étranger, qu'en re-
nouvelant au combat la furie française, ils pouvaient faire
passer de telles espérances au-dessus des recommanda-
tions de l'Empereur d'Autriche, et ils ont pu l'espérer
vaguement, le croire même fermement, mais ils n'avaient

pas le droit, ni moral, ni constitutionnel, de solidariser ainsi avec eux tout le Conseil des ministres, sans le prévenir avec fidélité, sans le renseigner avec intégrité, sans le faire juge avec loyauté !

Comment, après cette révélation, M. Emile Ollivier a-t-il pu maintenir que lui « et » ses collègues avaient fait tout ce qu'il était « humainement et honorablement possible de tenter » pour la cause juste « confiée à l'armée française ? » La mémoire du maréchal ministre de la Guerre est, en effet, entachée, comme celle du duc ministre des Affaires étrangères qui, déjà la conscience chargée de l'imprudente demande de garantie, réclamée en dehors de la délibération et de la connaissance même du Conseil, aggrava sa responsabilité vis-à-vis des mandataires du pays par son impardonnable sous-entendu que nous avons dû rapporter au sujet des alliances : « Si j'ai fait attendre la Commission, c'est que j'avais chez moi l'ambassadeur d'Autriche et le ministre d'Italie. J'espère que la Commission ne m'en demandera pas davantage !... »

Ce défaut de franchise qui compromit tant d'hommes de bonne foi, est inexcusable à nos yeux !

Mais quelle ne fut pas, pis encore ! en stratégie et en tactique ! la faillite des commandements ? Le Bœuf, major général auprès de l'Empereur sans avoir jamais dirigé en chef, tout à fait stupéfié par l'invasion ; Douay surpris ; Frossard au-dessous de sa tâche ; Failly au-dessous de tout ; et Mac-Mahon indécis ou plutôt incohérent, avant Bazaine qui, pour avoir voulu se faire maître de l'heure, finit, et sans avoir été vaincu ! comme traître, plus tard !

Soyons francs vis-à-vis de tout le monde : on a trop parlé de la théorie du nombre — Alexandre vainquit les Mèdes et les Perses, et Napoléon tint tête à toute l'Europe ! — Ce n'est pas le nombre qui manqua tout d'abord aux armées impériales ; le nombre manqua, avec les cadres surtout, aux armées de la République, après les

capitulations de Sedan et de Metz ; mais même sans
la garde mobile, et malgré mille et un impedimenta,
nous devions être vainqueurs avec les soldats qui arra-
chaient au royal ennemi son exclamation magnifique :
«Oh! les braves gens!» Seulement, où était l'homme au génie
guerrier pour faire marcher nos régiments ? L'Empereur
ne l'eut pas, — ni la République non plus, avec Chanzy,
médiocre(1), et Trochu, participe passé du verbe trop choir,
a dit Victor Hugo, cette fois sans génie, mais avec vérité
dans son calembour trop historique.

_____

(1) Dans la bibliographie militaire de 1870-1871, on peut consulter cette étude
remarquable : *Souvenirs de la guerre et de la défense nationale* par un OFFICIER DE
L'ARMÉE DE LA LOIRE. où M. Eugène Vintéjoux, depuis contrôleur de l'armée et
commandeur de la Légion d'honneur. révélait, et à ses depens hiérarchiques ! un
rare esprit de critique professionnelle, impartiale, mais franche, sur le désastre
final, « achevant de mettre en lumière notre triste éducation militaire et l'impuis-
» sance des efforts d'une génération d'hommes de guerre qui ne savaient être que
» des soldats à l'occasion, et parmi lesquels pas un n'avait pu lutter de talent avec
» les généraux prussiens ».
La Campagne d'un Volontaire sur la Loire et dans l'Est est une autre publication (encore d'un ami et compatriote corrézien. l'ingénieur Ph. d'Ussel) qu'il
convient de citer pour la hauteur de ses considérations générales sur la cause de
de nos désastres, avec le développement de cette impartiale observation : « Le
» gouvernement a commis des fautes et le pays a eu des défaillances ». ce qui justi-
fie cet appel à l'histoire : « En 1792. les éducations et les mœurs étant différentes,
» et le peuple se soulevait pour défendre un ordre social qu'il venait de créer et
» auquel il attachait ses intérêts les plus chers ».

VIII

Bismarck aurait indubitablement fait déclarer la guerre

par la Prusse

Notre déclaration de guerre évitée, nous ne disons pas, non! que la guerre était évitable, seulement, nous aurions pu la faire dans de toutes autres conditions, vis-à-vis de l'Europe, vis-à-vis de l'Allemagne du Sud surtout, et nous pouvons même ajouter vis-à-vis de nous-mêmes !

Tout est là.

En effet, si le conflit des deux nations ne pouvait pas humainement ne point se produire, au moins retarder la guerre, c'était mettre de son côté, le côté de la France ! les avantages du droit et les avantages des faits, c'est-à-dire faire de nous les provoqués et non les provocateurs, et, de plus, nous donner la possibilité d'assurer nos forces, surtout en les solidarisant réellement avec celles de nos voisins, devenus nos alliés. — Nous revenons ainsi aux propos des officiers ennemis sur notre territoire, et nous reprochant de les y avoir appelés.

La provocation morale de Bismarck est indéniable, mais restons dans la supposition que la France ait été capable de subir sans « emballement » la dépêche d'Ems, est-ce que la provocation officielle par la Prusse se fut produite ?

M. Emile Ollivier a déclaré que ses collègues et lui acceptaient la « grande responsabilité de la guerre d'un cœur léger, c'est-à-dire d'un cœur que le remords n'alourdit pas, d'un cœur confiant » : mais si nous avons énuméré

toutes les fautes qui ont précédé et fait naître la déclaration déplorable, du 5 juillet, nous devons faire un autre
examen pour savoir si la guerre entre la Prusse et la
France aurait été risquée par Bismarck.

Un écrivain allemand, M. Schultze, parlant avec franchise de Bismarck, a écrit : « A chaque pas en avant de la
préparation à l'alliance (débattue depuis 1869 entre les
cabinets de Paris, de Vienne et de Florence), correspond
un pas nouveau fait par lui dans l'organisation de la candidature (Hohenzollern). Et c'est parce que le voyage de
l'archiduc Albert à Paris, en mars 1870, a donné la
conviction que la Prusse serait attaquée au printemps
prochain, qu'il a envoyé Lothar Bucher à Madrid afin de
brusquer l'événement et de déconcerter, par son attaque
soudaine, l'attaque préméditée pour laquelle tout était
prêt, diplomatiquement et militairement. »

Cela répond à M. Emile Ollivier qui fait cette supposition : « Le casus belli échappe à Bismarck par le retrait de
la candidature Hohenzollern. Napoléon III, libre de la pression de la Cour et de la droite, se garde bien de ne pas
consulter ses ministres et d'ordonner à Grammont d'a-
dresser au roi Guillaume une demande de garanties pour
l'avenir ; et le grand chancelier n'a plus qu'à se retirer à
Varzin, risée de l'Europe. » — C'était bien impossible !
Bismarck eut fait siffler ses reptiles, il eut agité l'opinion prussienne, il n'eut pas donné sa démission, il en
eut appelé à la chevalerie de Guillaume, il eut envoyé
auprès de lui Moltke et Roon ; ayant perdu ses atouts, il
eut encore triché pour continuer son jeu : « Tout était
prêt diplomatiquement et militairement ! » Bismarck a,
du reste, dicté : « Mon vieux souverain, âgé de 73 ans en
1870, n'avait pas grande envie de faire la guerre à la
France ; cependant cette guerre était nécessaire pour faire
l'empire allemand. Il fallait absolument faire la guerre à
la France ; seulement nous devions attendre le moment
où les Français perdraient la patience. C'est ce que nous
avons fait. »

Et si « la patience » n'avait pas été perdue à la fin, comme il l'avait prévu, il préparait un autre plan : Il avait dit, le 13 juillet, à l'ambassadeur d'Angleterre: « La Prusse a besoin d'être assurée que la France ne nourrit pas d'arrière-pensées belliqueuses ; or, la seule satisfaction suffisante serait le désaveu du discours du 6 juillet, autrement je ne pourrais entretenir de relations avec l'ambassadeur de France, après le langage que le ministre des Affaires étrangères a tenu en face de l'Europe. »

Voilà qui est bien clair : Si l'incident de la candidature Hohenzollern s'était réglé par le retrait de la candidature au trône d'Espagne, il y aurait eu une autre querelle d'Allemand, c'est bien le cas de le dire, et sous les tilleuls de Berlin, l'homme de Varzin eut réussi à provoquer les hurrahs au roi et le cri national « au Rhin ! au Rhin ! »

Ducrot et Stoffel l'avaient écrit, bien des fois. Ce dernier avait même eu un mot typique sur la Prusse : « Ce n'est pas un pays qui a une armée, c'est une armée qui a un pays ! » et il signalait les cartes publiées à Berlin, où était annexée au territoire allemand l'Alsace, « Allemagne cousue à la France depuis deux siècles ».

L'Allemagne aux Allemands ! c'était la formule de ralliement, une sorte de doctrine de Monroë pour l'Europe, suivant M. Rothan qui répète le mot d'un diplomate anglais. M. Cosne dit mieux encore : « C'était visiblement l'Allemagne aux Prussiens. »

La Prusse — nation de proie rappelant l' «industrie de la guerre » que Tacite constatait déjà chez les Germains — la Prusse voulait faire à son profit l'hégémonie allemande, et elle était admirablement servie pour cela par le génie infernal de Bismarck, le talent de Moltke et l'organisation de Roon, sans oublier le vieux Guillaume qui savait si bien dissimuler sa pensée intime sous sa courtoisie, avec sa bienveillance et sa piété. Or, comment se pouvait faire cette unité de l'Allemagne ! Non par le temps, car si le roi parlait sincèrement ou non de ce que

feraient son fils et son petit-fils, les états secondaires ab-
sorbés se demandaient déjà ce qu'ils gagneraient à la
militarisation prussienne, à son caporalisme, pour réparer les douleurs et les pertes des guerres précédentes du
Danemarck et de l'Autriche. Du reste, Bismarck a, parmi
ses aveux significatifs, dit audacieusement : « J'étais convaincu que l'abîme qu'avait creusé, au cours de l'histoire,
entre le Sud et le Nord de la patrie, la divergence des
opinions, de race et de dynastie, et la différence du genre
de vie, ne pouvait pas être plus heureusement comblé que
par une guerre nationale contre le peuple voisin, notre
séculaire agresseur. Je me souvenais que déjà, dans la
période de 1813 à 1815, depuis Leipzig et Hanau jusqu'à
Waterloo, c'était la lutte livrée en commun et avec succès
contre la France qui avait permis de faire disparaître une
antinomie, je veux dire l'antithèse qui existait entre une
politique docile d'états vassaux de la France de par la
Confédération du Rhin et l'élan national allemand (*Pensées et Souvenirs*) »…. La guerre de 1870 était aussi une
nécessité : « Sans avoir battu la France, nous n'aurions
pas pu achever tranquillement la formation de l'Empire
allemand. La France aurait trouvé plus tard des alliés
pour nous en empêcher (*Discours d'Iéna*). » « Sa Majesté
royale savait déjà, le 13, que je considérais la guerre
comme nécessaire, et que je ne serais retourné à Varzin
qu'en donnant ma démission, si cette guerre avait été
évitée (*Rapport à l'Empereur*). »

Lui, retourner à Varzin ? lui, donner sa démission ?
allons donc ! l'illustre canaille avait bien d'autres tours
dans son sac, et de toutes les sortes : on en a la certitude
par ses précédents exploits qu'il convient de rappeler comme preuves, par le passé, de ses dispositions criminelles,
dans toutes les éventualités. — Pour la guerre contre
l'Autriche, Bismarck n'avait-il pas dit à un général italien :
« — Vous nous rendriez un fameux service en attaquant les
premiers ! » parce que son roi mettait toute sa superstition

à ne pas engager lui-même une guerre européenne, et à faire verser le sang allemand par le fer allemand ; et comme il était répondu qu'on ne le pouvait pas, afin de ménager l'opinion publique française : — « Eh bien ! reprit Bismarck, ne pouvez-vous acheter un régiment croate et vous faire attaquer ? Le lendemain, vous passez la frontière. » Veut-on une autre profession de loyalisme ? Dans l'entretien qu'eut Benedetti, le 7 août 1866, avec Bismarck, et que nous avons rapporté, ce dernier ne dit-il pas cyniquement qu'il avait d'autres moyens que les armes pour faire la guerre : « Nous vous attaquerons à coups de révolution, car nos dynasties allemandes sont plus solides que la vôtre ! » Et voilà tout expliquée l'exploitation en France de la presse corrompue et de l'espionnage militaire, jusqu'à notre petite manufacture d'armes de Tulle (1)!

Conclusion : Bismarck voulant avec Moltke la guerre contre la France, il avait cent moyens pour un d'y forcer le roi Guillaume par ses procédés habituels de *per fas et nefas!*

Aussi, un Allemand, loyal, Johannes Scherr, n'a pas admis qu'on attribuât aux Français seuls la responsabilité de la guerre : « Des gens que le patriotisme pétrifie dans l'ignorance ou que leur étroitesse d'esprit empêche de rien comprendre, peuvent seuls croire que la France seule ou l'Empereur des Français sont responsables de la guerre. »

Ces preuves dispensent de relever « ce blasphème » de M. Thiers : « Les auteurs de cette guerre désastreuse cherchent aujourd'hui à s'en excuser en disant que la Prusse voulait la guerre, l'avait préparée de longue main, et n'avait fait de tout cela qu'une occasion d'entrer en lutte. J'affirme, après avoir eu l'occasion de m'éclairer complètement, que c'est là un pur mensonge. » Si Thiers, dont le rôle et l'influence ont été si divers dans sa vie, et point toujours pour l'intérêt de la France que Gambetta comprit plus patriotiquement que lui ! si Thiers n'a point

---

(1) Personnellement j'en ai eu les preuves après 1870; et mon ami Victor Charlier, du *Temps*, en avait eu d'autres avant moi, en 1869 !

ainsi menti, lui ! c'est vraiment parce que ses lunettes célèbres n'étaient pas essuyées, ce jour-là ! — Une fois de
plus, nous nous répétons, car nous avons déjà protesté
contre un autre blasphème, celui de Victor Hugo, que son
génie poétique n'excusera jamais d'avoir méconnu la préméditation de la Prusse contre l'imprudence de la France.

On peut bien constater, en effet, que, en dehors des
habituels agitateurs, politiciens ou financiers, si le sentiment général, dès l'incident Hohenzollern survenu, était
en faveur de la paix, dès que l'on eut fait croire « au soufflet », non de Bismarck, mais de la Prusse, l'idée chauvine
avec ou sans le mot reproché à M. Emile Ollivier, par les
frères Margueritte, d'une « promenade militaire à Berlin »,
l'idée chauvine se répandit et grandit d'heure en heure :
« Ce qui rendait nos délibérations plus difficiles, avoue l'é-
crivain de ces jours troublés, c'est que les murs de nos
ministères étaient assaillis par une tempête d'indignation
qui nous demandait des résolutions extrêmes. »

Oui, il est bien vrai que la presse parisienne reflétait
les passions nationales « avec une véhémence effrénée » ;
mais n'y avait-il que des passions vraiment et honnêtement nationales dans ces surenchères d'excitations ? Les
corruptions de Bismarck ont, hélas ! été connues : « Dans
chaque journal il comptait au moins un écrivain soldé
tout à ses ordres ; » et « le ministre savait le nom de quelques-uns d'entre eux. » — Que ne les exécutât-il, haut et
court, au gibet opportun ?

L'accusation est grave pour l'honneur d'une corpora-
tion ; mais sans en suspecter « au moins un » de taré
par feuille, il suffit de nous reporter à nos souvenirs per-
sonnels dans la profession dont nous sommes un des
chevronnés pour déclarer que l'excitation de la presse
française n'avait pas besoin d'être « surexcitée ! » La
presse est la voix de la nation, a dit M. Thiers ; mais cette
voix ne parle pas toute seule : elle répond plutôt qu'elle
n'interroge.

Sans doute, il y eut quelques rares exceptions contre le courant de ces pressions populaires, mais il convient de constater qu'elles ne se produisirent que par les autres passions, politiciennes, qui, après avoir poussé aux plus fières sommations contre le péril, grossi lui-même, évoluèrent à la fin vers des solutions atermoyantes, pour ne pas écrire capitulardes.

Ah oui ! les événements ayant été contraires, nous avons bien eu le spectacle des palinodies habituelles, des « tours de vestes, » comme dit le vulgaire, des habiles qui ont nié leurs responsabilités, en mentant sur leurs paroles et leurs écrits passés ! On se peut dispenser ici des preuves par des citations faciles : il n'y a qu'à ouvrir la brochure de Fernand Giraudeau, *La Vérité sur la Campagne de 1870*, où, pour de rares choses à biffer, tant d'autres sont à retenir — y compris la fougue d'Emile de Girardin qui voulait « si la Prusse refusait de se battre, la contraindre à coups de crosse dans le dos à repasser le Rhin ! » — La *Liberté* de Détroyat, le *Soir* d'About, l'*Opinion Nationale* de Guéroult, l'*Univers* de Veuillot, le *Figaro* de Villemessant, *etc.*, nous les avons tous lus — et relus !

Oh ! certes, « du depuis » comme disait Scarron dans le langage familier du xvii° siècle, « du depuis » nous en avons vu des volte-face, d'après les événements contraires aux prévisions ! il y en a eu d'habiles, de cyniques et de grossières, n'en parlons pas !... n'en parlons pas ?... non, point de toutes, mais au moins ! de la plus audacieuse vous allez le voir !...

A un chapitre précédent, nous avons dit que personne plus que M. Thiers n'avait critiqué l'abstention impériale de 1866. En le faisant, il faut d'abord remarquer qu'il allait à l'encontre de ses amis, les libéraux, les parlementaires, les orléanistes si vous voulez ! N'est-ce pas M. Vibort qui recevait pour le *Siècle* les pseudo-confidences de Bismarck ? n'est-ce pas le *Temps* qui germanisait à pleines colonnes ? n'est-ce pas la *Revue des Deux Mondes*

qui en faisait doctrinairement autant avec M. de Sybel ?
n'est-ce pas le *Journal des Débats* qui, avec John Lemoi-
ne, expliquait pourquoi la France devait soutenir la
Prusse, « ce foyer des lumières, des sciences, des lettres,
de la liberté d'examen, de la critique religieuse, en un
mot du progrès, tandis que l'Autriche n'est le centre que
de la réaction, de la contre-révolution ! »

Eh bien ! comment se fait-il que M. Thiers, qui s'était
séparé, là-dessus, de ses coréligionnaires anti-impérialis-
tes, se joignit à eux pour porter témoignage, avec eux !
que la France était prête pour toute guerre avant 1870 ?
car n'est-ce pas lui, bien lui, autorisé par ses services
officiels au Pouvoir et ses publications personnelles avec
l'histoire plutôt militaire du *Consulat et de l'Empire*, à
cent coudées au-dessus des rhéteurs Jules Favre, Jules
Simon et autres Jules Ferry, n'est-ce pas Thiers qui
avait empêché la réorganisation de l'armée, la préparation militaire, la revanche du traité de Prague, par
cette abominable erreur ou cet abominable mensonge du
31 décembre 1867 devant la Chambre des Députés :

On dirait qu'il n'y a que la garde nationale pour défendre le pays, et que la garde nationale mobile n'étant pas
constituée, la France est découverte. Je vous le demande,
à quoi vous servirait donc cette admirable armée active
qui nous coûte 4 à 5 millions par an ? vous supposez donc
qu'elle sera battue dès le premier choc, et que la France
sera immédiatement découverte !... On vous présentait
l'autre jour des chiffres de 1.200, 1.300, de 1.500.000 hommes, comme étant ceux que les différentes puissances de
l'Europe pouvaient mettre sur pied. Eh bien, ces chiffres-
là sont parfaitement chimériques. La Prusse, selon M. le
Ministre d'Etat, nous présenterait 1.300.000 hommes !
Mais, je le demande, où a-t-on jamais vu ces forces for-
midables ? Combien la Prusse a-t-elle porté d'hommes en
Bohême, où était le théâtre décisif des événements en
1866 ? 330.000 hommes environ. C'est que, Messieurs, il ne
faut pas se fier à cette fantasmagorie de chiffres qui sont
étalés dans toute l'Europe aujourd'hui. Sans doute, il y a
une funeste impulsion vers les armements exagérés, mais
il ne faut pas cependant nous présenter comme réels des
chiffres qui sont tout à fait chimériques. Et je le dis,

parce qu'il faut enfin rassurer notre pays. Il ne faut pas
que les paroles qui sont prononcées ici lui persuadent qu'il
est dans des périls tellement effroyables... Eh bien, quand
nous voyons que l'armée que nous pourrions présenter à
l'ennemi, serait, dépôts déduits, n'oubliez pas cela ! de
540.000 hommes avec sept ans de service, de 600.000 avec
8 ans, et de 680.000 hommes avec neuf, je dis que la France aurait le temps de respirer derrière une aussi puissante
armée, et j'ai la confiance, moi, que cette armée donnerait
le temps à la garde nationale mobile de s'organiser. Et
maintenant est-ce que c'est donc une chose si difficile que
d'organiser la garde nationale mobile ? Mais vous vous
défiez beaucoup trop de notre pays, beaucoup plus qu'il ne
le faudrait. Le principe dans lequel ont été basées les lois
de 1831 et de 1851 a été celui-ci : c'est qu'au moment de la
guerre, grâce à la nature de notre pays, il s'allume sur le
champ une vive ardeur dans tous les cœurs, ardeur que
j'ai trouvée, en 1840, quand la guerre était infiniment peu
probable, et je suis convaincu qu'en se servant de cette
disposition sans l'avoir fatiguée d'avance par des exerci-
ces puérils et inutiles, vous trouveriez un zèle dont vous
pourriez tirer grand parti. *Est-ce que vous n'aurez pas
toujours deux ou trois mois,* c'est-à-dire plus qu'il ne vous
en faudra pour organiser la garde nationale mobile et
pour utiliser ainsi le zèle de la population ? Je dis que
c'est se défier étrangement de notre pays que de raison-
ner comme vous le faites. Au commencement de la Révolution française, c'est-à-dire en 1793, plus tard en 1812 et
1813, on a trouvé cet esprit ; on l'a retrouvé aussi en 1815 ;
et je suis certain qu'on pourrait faire encore, si les circonstances redevenaient les mêmes, ce qu'on a fait alors.

Nous avons dit abominable erreur ou abominable mensonge : l'un n'exclut pas l'autre.

Certes, depuis l'aveu du crime d'Ems, on n'ose plus discuter sérieusement que la guerre, après le plébiscite ! pût
être un moyen de fortifier la dynastie — en l'exposant à sa
perte, la perte qu'elle a subie ! et il faut être juste, car
il y a à peine justice à dire en pleine lumière que la provocation de la Prusse est indéniable ; mais il y a justice
entière à dire que cette provocation fut acceptée par
l'immense majorité d'un pays où le SUFFRAGE universel
est l'expression de la SOUVERAINETÉ NATIONALE !

L'erreur n'exclut pas le mensonge, devons-nous répéter,
car les amis de M. Thiers ont commis ce faux en écriture

publique de retrancher son discours, précité, de la collection soi-disant complète qu'ils ont offerte au public ! « O détestables scribes de la plus coupable haine, ne comprenez-vous pas que c'est la France et non l'Empereur que nos travestissements déshonorent ; que c'est l'invasion et non le 4 septembre, la mutilation de Metz et de Strasbourg et non la chute de l'Empire, que vos récits sectaires justifient ! » s'écrie avec une douloureuse vérité M. Emile Ollivier.

Et que ne pourrait-on ajouter à cette protestation contre le faux par omission, quand il y a, encore avec les amis de M. Thiers, les faux par parole, de lèse-patrie d'un Vitet, de l'Académie française, salissant la *Revue des Deux Mondes* de cette ordure parlementaire : « Malgré les désastres sans nom que nous a valus l'année 1870, cette année n'a pas été tout à fait stérile, puisqu'elle a renversé l'Empire. Nos malédictions doivent se mêler de quelque gratitude, et enfin, tout compte fait, nous la bénirons ! » Et il n'y a pas à séparer cela de ceci (du journal de M. Ernest Picard, ministre de l'Intérieur, après le 4 septembre, l'*Electeur libre*, trop libre et trop libéral) : « La chute de l'Empire n'est pas achetée trop cher par la perte de deux provinces ! »

Notre Berteaud « l'évêque d'autrefois » de Mgr Germain Breton, a si bien défini la Patrie : « La Patrie, c'est nous-mêmes qui vivions avant d'être nés ; nous étions dans les ancêtres, nous faisions leurs œuvres, ils sont en nous, et par nous ils les continuent. Le soldat milite pour cette personnalité séculaire et brillante, formée des aïeux, et de ceux qui vivent, et de ceux qui viendront ; il sauve une grande âme, prolongée à travers les âges. Ce travail est beau. » — Le travail de Vitet et de Picard est laid, il est sale aussi ; Horace aurait dit énergiquement qu'il pisse sur les cendres paternelles :

Utrum
Minxerit in patrios cineres...

puisque Lamartine s'est écrié :

C'est la cendre des Morts qui créa la Patrie !

IX

De la Répartition des Responsabilités doivent naître la Revanche sur nous-mêmes et l'Espoir patriotique

Une observation des plus importantes est ici à faire avant de terminer cette série d'études, franches :

La déclaration du Cabinet aux Chambres pas plus que la proclamation de l'Empereur aux Français ne précisèrent quelles conséquences pouvait avoir la guerre, une fois lavée l'insulte prétendue par une victoire de nos armes. En avait-on même délibéré ? Emile Ollivier ne le dit pas, et c'est M. de Parieu, seul, qui nous l'assure dans une simple note de ses *Considérations sur l'Histoire du Second Empire* (édition d'Aurillac) où il parle ainsi de lui-même : «Ce dernier, conseiller aussi peu écouté du Pouvoir en 1870 que des Républicains en 1848, saisit encore l'occasion d'appuyer, après le Conseil du 14 juillet au soir, l'acceptation D'UNE TRANSACTION OFFERTE par un état neutre, Il consigna dès le mois de juillet, dans un article consacré à la mémoire du baron de Hock, imprimé dans le cahier du *Journal des Economistes* du 15 août 1870, et dont le *Moniteur du Cantal* d'octobre 1870 a reproduit les termes, la douloureuse contrariété que la guerre imposait à ses tendances pacifiques : il s'efforçait de lui donner pour but ce que le duc de Grammont déclarait à ses collègues poursuivre comme résultat de la lutte, à savoir la CONSTITUTION D'UN ÉTAT NEUTRE DANS LA RÉGION RHÉNANE. » Or, nous ne trouvons nulle part ailleurs et cette offre étrangère et cette délibération ministérielle ; en tout cas, elles ne furent

7

affirmées nulle part ni connues de personne (1). L'Empereur se contenta de dire : « Nous ne faisons pas la guerre à l'Allemagne dont nous respectons l'indépendance ; nous faisons des vœux pour que les peuples qui composent la grande nationalité germanique disposent librement de leurs destinées ! » Mais cela n'était pas plus clair que d'ajouter, dans la proclamation à l'Armée, que « de nos succès dépendait le sort de la liberté et de la civilisation. » Les Etats allemands du Sud pouvaient-ils voir là un engagement en leur faveur et la rétractation du néfaste projet présenté par Benedetti qui visait, en dépit des nationalistes ! les annexions des territoires prussiens, bavarois et hessois de la rive gauche du Rhin ?

D'abord, ne pas déclarer nous-mêmes la guerre ; ensuite, préciser les conséquences qu'elle pouvait produire, c'eût été à la fois enrayer la solidarité de tous les Allemands, et puis apprendre à nos propres soldats que l'honneur national ne se compliquait pas de l'ambition de faire Français des Prussiens, Bavarois et Hessois. — Double faute ; mais nous ne savons si Emile Ollivier en convient, puisqu'il n'en parle pas.

Cependant, il est plus que personne autorisé à le faire, car aux débuts mêmes de la discussion de la Loi militaire qui répugnait si fort à la conscience, électorale, des Parlementaires! c'est bien lui qui les avait ainsi prévenus :

Vous acclamez en toute occasion la paix ; en toute occasion vous l'affirmez ; en toute occasion vous formez des vœux pour son maintien; et en réalité vous votez tous les jours la guerre (*Réclamations sur un certain nombre de bancs. — C'est vrai ! C'est vrai sur quelques autres*). J'insiste, vous votez tous les jours la guerre ; chaque fois qu'un orateur se lève dans cette assemblée pour vous dé-

---

(1) Ayant encore eu le scrupule de soumettre ce passage à M. Emile Ollivier, et précisément à un moment où le projet d'une neutralisation de l'Alsace-Lorraine nous parait un nouvel essai de germanisation ! nous sommes autorisés à reproduire cette affirmation du ministre de 1870. fut-il le collègue de M. de Parieu à cette époque : « Il n'a jamais été parlé, dans aucun Conseil, de la constitution d'un état neutre dans la province rhénane ».

montrer qu'après tout, les événements accomplis en Allemagne ne sont ni menaçants, ni humiliants pour nous,
vous couvrez sa voix de murmures; au contraire, dès qu'un
orateur affirme que la victoire de Sadowa est pour la
France une défaite : un affaiblissement, une diminution de
prestige, vous applaudissez. (*Réclamations sur divers
bancs.*) Vous niez ? relisez donc le *Moniteur.* Oui, vous
applaudissez. Eh bien, dans un pays tel que celui-ci, fier,
susceptible, sensible au point d'honneur, il est impossible
qu'à la tribune, dans la presse, on pense, on soutienne,
on répète tous les jours que nous sommes amoindris,
compromis, abaissés... (*Mais non! Mais non*) sans qu'une
véritable émotion ne se manifeste ; il est impossible que
lorsque celui qui préside au Gouvernement s'appelle Napoléon, quels que soient ses sentiments d'humanité, quelle
que soit sa compréhension, son désir de maintenir la paix,
il est impossible qu'il résiste longtemps, qu'il résiste à une
pression aussi constante, aussi répétée, aussi impérieuse.
Il faut donc, ou que cette Chambre, que cette nation non
seulement se résigne à ce qui est accompli, mais qu'elle
l'accepte sans arrière-pensée ; ou bien qu'elle envisage
d'une manière virile la nécessité tôt ou tard inévitable
d'une guerre sérieuse, d'une guerre terrible avec l'Allemagne (*Mouvements en sens divers*). — Vous me contre-
direz, vous me démentirez, vous affirmerez que vous
voulez la paix : si vous persistez dans votre politique
actuelle, la guerre vous saisira malgré vous. (*Nouvelle
interruption.*) Il n'y a d'autre issue à ce qui se passe que
le Champ de bataille.

C'était l'évidence même ; mais allez donc compter sur
les Parlementaires d'un parlementarisme hybride dont
les ambitions contredisent le sens et le devoir ! — Exem-
ples : l'impressionnabilité de la Chambre des députés à la
discussion du percement du Saint-Gothard ! sans oublier
le trait de Henri Heine sur Thiers, soufflant le chaud et le
froid suivant sa posture personnelle : « Par son bruyant
tambourinage, il réveilla de son sommeil léthargique notre bonne Allemagne... Si jamais nous devenons un peuple, M. Thiers peut bien dire qu'il n'y a pas nui, et l'histoire allemande lui tiendra compte de ce mérite. »

Oui, il fallait se préparer à la guerre, car nous étions
avertis que les défiances d'outre-Rhin ne tomberaient pas
toutes seules, avec des professionnels de la jalousie et

de la férocite tudesques, tels que Bismarck, Moltke et Roon.

Nous avons, certes, assez précisé les fautes du gouvernement impérial, de Napoléon III à ses ministres et du Parlement à l'opinion publique, pour n'avoir pas besoin de conclure en les récapitulant, depuis les illusions de la politique des Nationalités jusqu'aux imprudentes demandes d'annexion, injustifiée, et de garanties, injustifiables : nous n'avons fait, du reste, la plupart du temps, que retenir les aveux mêmes des coupables — coupables de bonne foi, sans doute, et c'est ce qui les distingue des criminels dont ils furent les dupes. Alors, et précisément à ce titre, c'est-à-dire sans méconnaître l'honnêteté maladroite qui nous fit déclarer la guerre, quand le Prussien était le véritable agresseur moral — c'est immoral qu'il faut réellement lire ! — pourquoi ne pas revenir à notre hypothèse précédente que nous pouvions être vainqueurs, Napoléon III n'éparpillant pas ses corps d'armée, Mac-Mahon ne se battant pas en héros stupéfié, et le « glorieux Bazaine » de Thiers ne « combinaisonnant » pas comme le premier des traitres et le dernier des imbéciles !... Eh bien ! convenons-en franchement : alors, nos considérations ne tiennent plus ; les imprudents ont été bien avisés ; les provocateurs sont mis à la raison ; tout est pour le mieux : il ne reste que l'embarras de se partager les fruits de nos victoires — il est vrai que c'est bien quelque chose, puisque l'on n'y a point pensé ! Il reste aussi les revendications du triomphe, *prospera omnia vindicant*, tandis qu'il est si simple de faire tomber tous les reproches sur un seul, *adversa uni imputantur* ! Emile Ollivier ajoute mélancoliquement : « Dans tous les pays, et à toutes les époques, malgré la contradiction des sages, les hommes ont jugé ainsi : *Ex eventu famam*, le succès fait la renommée. »

Ce n'est que trop vrai, hélas !

Eh bien! il y a pourtant dans les événements historiques une sorte de justice, « immanente » eut dit Gambetta, qui ne permet pas d'accabler longtemps les uns sans faire sentir le poids sur tous les autres : et jamais aucune crise nationale ne nous le prouva aussi clairement que celle de 1870-1871.

L'Allemagne ne faisait, disait on, la guerre qu'à l'Empereur qui l'avait provoquée ; mais elle la continua contre la République avec la férocité de l'exaspération : Et alors, les nouvelles fautes s'accumulèrent encore les unes sur les autres, précisément parce que le pays était solidaire des premières ! Il n'y avait plus Napoléon III, il n'y avait plus Emile Ollivier, il n'y avait plus Grammont ! et cependant les généraux ne ramenaient pas la victoire sous leurs drapeaux ; et l'ordre n'en était pas moins menacé à Paris, à Lyon, à Marseille ; et notre ambassadeur officieux en allant de cour en cour n'obtenait pas davantage l'intervention étrangère, réduit fût-il à attaquer, jusqu'à la diffamation injurieuse, les patriotes qui continuaient la lutte contre son gré, et à qui il ne rendit son estime que pour se faire leur président de leur République !

Ah oui ! il est bon de rappeler ce désaccord entre les vainqueurs du... régime tombé — sans nier qu'il ne le fut par ses fautes avec un Empereur malade, un Parlement sans vertu, et un gouverneur de Paris prêt à toutes les capitulations bavardes ! ·

Lisez, en effet, les discours de M. Thiers en juin 1871 :

A mon avis, la faute de la guerre poursuivie à outrance a commencé, non pas à Paris, mais sur la Loire, lorsqu'il n'y avait plus d'espérance raisonnable de former au-delà de ce fleuve des armées capables de dégager Paris. C'est là qu'a commencé la faute...

Je crois que si l'on s'était arrêté sur la Loire, la dépense aurait été alors à peu près de 12, 13 ou 1.400 millions...

J'ai la conviction que, si nous avions fait la paix à ce moment, nous aurions moins perdu en territoire et moins donné en indemnité de guerre. Au lieu de 5 milliards, nous aurions pu obtenir la rançon de la défaite pour deux milliards 1/2....

Les hommes qui avaient fait la révolution du 4 Septembre ont eu, à mes yeux, un tort, celui d'avoir prolongé la guerre au-delà de l'intérêt bien évident du pays...

Ils se sont trompés, gravement trompés ; ils ont prolongé la guerre au-delà de toute raison ; ils ont employé les moyens les plus mal conçus qu'on ait employés à aucune époque, dans aucune guerre.

Oui. Messieurs, nous étions tous révoltés, je l'étais comme vous tous, contre cette politique de FOUS FURIEUX qui mettait la France dans le plus grand péril.

Pour continuer cette POLITIQUE INSENSÉE, on avait l'audace de vouloir ôter au pays l'exercice de ses droits ; on ne voulait pas qu'il y eût une Assemblée. Pour moi, j'ai lutté autant qu'on le pouvait, à Tours et à Bordeaux, contre cette prétention antinationale, atroce par ses résultats arrogante, insolente, de vouloir, à quelques-uns qu'on était, se substituer à tous, contre la France elle-même, quand il s'agissait de son salut....

Reportez-vous à la situation que nous avions à Bordeaux... Quelle idée vous a dominés ?

Vous avez songé à une seule chose : à enlever le pouvoir aux hommes aveugles, aux DESPOTES qui prétendaient retenir la France dans leurs mains.

Vous avez bien lu : « Fous furieux ! » « politique insensée ! » « despotes ! »... le vieillard était ainsi impitoyable contre les jeunes. Or, faut-il lui donner tout à fait raison ? Peut-être non. Les responsabilités de Gambetta dans la guerre à outrance sont à comparer avec les clauses criminelles de l'armistice de Jules Favre, capitulant pour Paris et livrant l'armée de l'Est ! et encore avec le vote d'aliénation nationale qui réunit autour de Thiers 546 Français (1), contre 107 autour de Gambetta et Chanzy, sans même avoir vu les états de nos dernières forces : 222.000 fantassins, 20.000 cavaliers, 34.000 artilleurs, 1.232 canons attelés, plus dans les divisions territoriales 350.000 hommes, 130.000 recrues de 1870, 443 canons montés, 98 batteries départementales (Paul et Victor Margue-

(1) Dans la députation de la Corrèze, votèrent pour : MM. Arfeuillère, L'Ebraly, Lostourgie et baron Rivet ; votèrent contre : MM. baron de Jouvenel et général Billot.

ritte). Nous ne sommes pas juges : « La France n'a pas voulu ! »

Le traité de Francfort est ainsi né d'une violation du Droit par la Force, ne laissant place ni à la réconciliation, ni à la prescription même, parce qu'il a « entraîné » notre pays contre toute justice moderne, et a partout maintenu ainsi, jusqu'aux plus lointains horizons, l'ère anti-civilisatrice des armements à outrance !

Nous n'avons pas à insister, car nous n'avons, en suivant page par page le travail d'Emile Ollivier, nous n'avons qu'examiné les premières responsabilités de 1870 jusqu'à la déclaration du 15 juillet, souvent d'accord, plus souvent en désaccord avec l'éminent écrivain qui, par la solidarité publiquement acceptée, se fit le complice des trois auteurs principaux des fautes relevées : le chef de l'Etat, le ministre des Affaires étrangères et celui de la Guerre, vis-à-vis d'un Parlement sans scrupules. Les quatorze volumes que nous avons lus, sont extraordinaires, et partant indéfinissables, malgré leurs muliples titres d'*Etudes, Récits et Souvenirs* qui comportent histoire et mémoires, philosophie et art, portraits et tableaux, et il y a bien d'autres choses encore ! Or, que ne devons-nous pas attendre de la suite, c'est-à-dire des conclusions mêmes, après le narrer des désastres ? Attendons...

Il n'y a, en effet, ni réparation ni apaisement quand la plaie de la mutilation nous reste avec la cicatrice saignante, et que le mal cosmopolite nous ravage au point de planter notre drapeau dans le fumier ! — Ce méchant vent nous vient de Prusse, allez ! la corruption publique y est une façon de conquête. Mais de tels orages passent, et l'atmosphère se purifie !

Sunt lacrimæ rerum ! s'écriait douloureusement le poète, et nous devrions pleurer avec lui sur les jours de l'année terrible, si, précisément la relation des fautes commises et le récit de nos malheurs, inséparables de leurs reflets de gloire, n'étaient à nos âmes, première revanche sur nous-mêmes ! un réconfort salubre et un espoir brillant dans les destinées de la Patrie française.

TABLE DES MATIÈRES

TULLE — IMPRIMERIE CRAUFFON

www.ingramcontent.com/pod-product-compliance
Lightning Source LLC
Chambersburg PA
CBHW052040270326
41931CB00012B/2575